把爱带回家

——给留守儿童家长的18条建议

梁 威　卢立涛　何光峰
胡 进　郑祖伟　谢春风　编著

北京出版集团公司
北京教育出版社

图书在版编目（CIP）数据

把爱带回家：给留守儿童家长的 18 条建议 / 梁威等编著 .—北京：北京教育
出版社，2015.12

ISBN　978-7-5522-6913-0

Ⅰ . ①把… Ⅱ . ①梁… Ⅲ . ①农村—儿童教育—家庭教育 Ⅳ . ① G78

中国版本图书馆 CIP 数据核字（2015）第 267264 号

把爱带回家

——给留守儿童家长的 18 条建议

梁 威 等编著

北京出版集团公司

北京教育出版社　出版

（北京北三环中路 6 号）

邮政编码：100120

网址：www.bph.com.cn

北京出版集团公司总发行

全 国 各 地 书 店 经 销

三河市腾飞印务有限公司印刷

787mm×1092mm　16 开本　7 印张

2015 年 12 月第 1 版　2017 年 6 月第 2 次印刷

ISBN 978-7-5522-6913-0

定价：28.00 元

质量监督电话：010-58572750　58572393

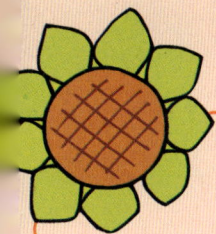

编者的话

随着我国社会经济的发展，选择离开农村，来到城市打工的农村青壮年越来越多。由于受到种种条件限制，很多外出务工的父母不得不把年幼的孩子留在农村的家中，将孩子托付给年长的祖辈甚至亲戚朋友照料，这些孩子也就成了"留守儿童"。

由于父母常年在外打工，很多留守儿童缺少父母的关爱和教导，这使得留守儿童容易出现学业成绩不理想、心理发展不平衡等诸多问题，他们的人身安全也常常受到侵害。

同时，在外务工的父母虽然也十分牵挂留守在家的孩子，但受到自身文化水平的限制，很多父母在电话里除了简单的嘘寒问暖、询问学习成绩之外，不知道与孩子如何交流、交流什么。特别是在逢年过节父母与孩子见面时，很多父母也只是给孩子买一些衣服和礼物，却不知如何教导孩子，帮助孩子克服困难，解决问题。

面对留守儿童教育的诸多问题，北京师范大学首都基础教育研究院执行副院长梁威教授带领"留守儿童教育研究"课题组，深入到河南、贵州等十余个省市进行实地调研。通过与农村教师、留守儿童及其家长的交流，根据他们的需求，编写了《把爱带回家——给留守儿童家长的18条建议》一书，期望通过这本书能够给在外务工的父母提供一把"钥匙"，更好地解决留守儿童成长与发展的问题，给留守儿童家庭带去更多的欢乐和温暖。

《把爱带回家——给留守儿童家长的18条建议》这本书围绕留守儿童成长中的一些问题设置了六篇，包括"孩子健康是根基"、"安全成长数第一"、"关注孩子好心理"、"品德高尚最美丽"、"快乐科学来学习"、"女儿成长要仔细"。

在每一篇，我们先通过故事引起家长对留守儿童成长过程中种种问题的关注。进而，我们对问题进行了分析，帮助家长更深入全面地了解这些问题产生的原因。然后我们给家长提出了一些切实可行的建议，引导家长与孩子进行深入交流，对孩子进行有效教导。

我们还在书中设置了"小知识"、"父母读给孩子听"、"亲子互动话题"等栏目，以帮助家长丰富自己的知识，进一步增进与孩子的感情。为了增强这本书的趣味性和可读性，我们采用生动活泼的语言和图文并茂的形式，让家长更愿意读，让孩子更愿意听。

总之，我们希望《把爱带回家——给留守儿童家长的 18 条建议》这本书能够照亮留守儿童的心灵，给更多的家庭带去温暖。

希望这个并不厚重的小册子，成为广大留守儿童家长的朋友。期待能够为更多致力于留守儿童教育的同仁、朋友和家长提供参考和帮助。

编　者

2015 年 11 月 1 日于北京师范大学

目 录

第一篇

孩子健康是根基

建议1　养成吃早餐的习惯
建议2　养成早睡早起的习惯
建议3　养成经常运动的习惯

我的孩子为什么不长个儿呢？

　　秦大姐两口子都在远离家乡的城市打工，她从事家政工作多年。她在老家的儿子壮壮已经 12 周岁了，令秦大姐担心的是，壮壮并不像他的名字那样长得又高又壮，相反，又矮又瘦。特别是她前不久回家，虽然已经有一年多没见到孩子了，但是当看到壮壮时，秦大姐没有感到壮壮在身高上有什么变化，反而发现，由于个子矮小，壮壮在心理上越来越自卑了。秦大姐和壮壮的爸爸个子都很高，为什么壮壮却一直不长个儿呢？

写给父母的话

调查研究发现，一般而言，儿童的身体是否强壮与遗传、营养、睡眠和运动等有关。壮壮之所以个子矮身体弱，具体来说，应该与以下因素有关。

一、父母不在家，壮壮没有养成良好的饮食习惯

由于父母不在身边，壮壮没有养成良好的饮食习惯。每天早上去上学，他很少吃早餐，饿了，就以零食替代；渴了，就从学校附近的小卖部买瓶饮料喝。长期不吃主食和蔬菜水果，时间久了，营养不良，壮壮的身体也就不能正常发育。

二、壮壮每天熬夜，没有养成良好的作息习惯

经过多年的研究，科学家得出这样的结论：一般而言，夜里 11 点以后是人们深度睡眠时间。在深度睡眠中，身体会加速分泌生长激素。这种生长激素，能促使孩子长个儿。而壮壮喜欢晚上看电视、玩手机、打游戏，一般都到 12 点以后才上床。由于深度睡眠时间减少，影响了生长激素的分泌，导致他不长个儿。

三、壮壮喜欢在家玩游戏，没有养成良好的锻炼习惯

为了方便壮壮查阅资料，秦大姐省吃俭用，为他购买了一台电脑。有了电脑之后，由于缺少了父母的监管，壮壮没有利用电脑学习，而是开始玩游戏。一玩就是几个小时，很少到户外运动。据他的爷爷奶奶反映，只要壮壮一回到家，就一定会去玩游戏。久而久之，不仅壮壮的学习成绩受到影响，而且他的眼睛也近视了，甚至身体也出现了问题。

小知识

影响儿童长个儿的因素有哪些？

一是遗传基因，一般来说，父母个子矮，孩子个子也会较矮。

二是营养因素，在孩子生长发育期，营养不良，会影响长个儿。

三是睡眠因素，在生长发育时期，睡眠不足，也会影响长个儿。

四是运动因素，不经常锻炼，孩子体弱，也会影响长个儿。

五是疾病因素，很多疾病都会影响孩子的身高。

给家长的建议

为了让孩子能够健康成长，最重要的是要帮助孩子养成良好的饮食、睡眠和运动习惯。

一、帮助孩子养成良好的饮食习惯

老李家有两个孩子，老大不挑食，什么都吃。老二娇惯，早上喜欢睡懒觉，挑食，不好好吃饭，还经常吃零食。结果老大身体很健康，长到了 1.78 米，老二虽然吃的"好吃的东西"不少，可不仅个子不高，而且身体十分虚弱。

同样是一个家庭的两个孩子，由于饮食习惯不同，两个孩子的成长差异是很大的。因此，良好的饮食习惯是非常重要的。

怎样培养孩子良好的饮食习惯呢？

（一）引导孩子每天吃早餐

早餐是一天中最重要的一餐。

不吃早餐，孩子在上午上课时，会感到饥饿，胃里很难受；同时在上课的时候会昏昏沉沉，注意力不集中，思维缓慢。另外，孩子不吃早餐，容易因低血糖而晕倒，万一晕倒在没人的地方，会有生命危险。

早餐可以给孩子准备馒头、米饭、面条等淀粉类的食品，还要有鸡蛋、瘦肉等蛋白质丰富的食品，另外还要有蔬菜和水果。

不吃早餐，吃零食代替可以吗？回答是：不可以！

零食含有太多糖和油，而对于身体和大脑发育所需要的蛋白质、维生素等却含的太少，天天以零食代替早餐，会导致肥胖或营养不良。

（二）引导孩子多喝水，喝牛奶和酸奶，少喝饮料

多喝开水。 中国疾病预防控制中心所做的调查结果表明，三分之二的学生饮水量不达标。可见，很多孩子喝水少。因此要让孩子多喝水。

要喝牛奶和酸奶。 牛奶和酸奶中含有孩子骨骼发育所需的钙，还含有大脑发育需要的蛋白质，是孩子健康成长的重要营养来源。

不喝或少喝饮料。 目前的饮料类型很多，但是多数含糖量很高。另外，喝过量的碳酸饮料，会将人体内的钙破坏掉，从而影响孩子骨骼的发育。

不喝蒸锅水。 蒸馒头剩下的蒸锅水，烧开时间长，亚硝酸盐含量较高，

对身体有害，尽量不喝。

此外，夏天可以多喝一些凉的白开水或者绿豆汤，利于解暑；吃一些水分较多的瓜果蔬菜，也有助于孩子的健康成长。

记住，家里的凉白开（晾凉后的开水）、绿豆汤，比饮料更健康。

（三）引导孩子选择有营养的零食

某报曾经做过"你喜欢的零食有哪些？"的调查，发现了如下问题：

★ 孩子喜欢吃的零食，大部分是熟食、饮料、果脯、薯片等。

★ 多数零食在学校周围的小卖部购买。

★ 近 1/4 的零食没有生产日期或已过保质期。

★ 近 1/4 的零食食品生产许可证存在问题。

★ 一半以上的小食品使用了超过 5 种的添加剂，有的甚至达到了 15 种。

不卫生、无营养、不健康的零食，正威胁着孩子的健康。因此我们要告诉孩子，选择有营养的零食。

小知识

哪些零食好吃又有营养呢？

水果类。如苹果、香蕉、橘子等水果，能够满足孩子生长所需要的各种维生素，可以在正餐之外吃。

干果类。如瓜子、核桃、杏仁、花生等。这些食品，能够提供丰富的蛋白质和多种维生素，有利于儿童大脑的发育。

饼干类。最好是全麦饼干、苏打饼干。不要吃太甜的饼干，以免导致肥胖。

牛奶或酸奶类。对于正在成长中的儿童来说，牛奶和酸奶为孩子提供丰富的蛋白质和成长发育所需要的钙元素，因此是健康零食。

正规厂家生产的零食，都会有生产日期、保质期。家长在家的时候，可以教孩子如何阅读包装上的生产日期和保质期。

二、培养孩子早睡早起的好习惯

睡眠是保证身体健康发育的基础。睡眠不好，人不仅不长个儿，而且特别容易生病。充足的睡眠可以促进孩子的健康成长。

最佳睡眠时间是多少？

小知识

3～6 岁的儿童睡眠时间必须保证 11～14 小时，最佳睡眠时间是 20：00—7：00。

7～12 岁的儿童的睡眠时间必须保证 9～11 小时，最佳睡眠时间是 21：00—7：00。

如何让孩子做到早睡早起呢？如何培养孩子早睡早起的习惯，保证其充足的睡眠呢？

（一）孩子要早睡，小学生尽量在晚上 9：30 之前上床

小学生每天的睡眠时间一般为 9～10 小时左右，但人和人之间有一些差异。关键是睡醒后，孩子要感觉到头脑非常清晰，精神十分振作。如果孩子烦躁，易发脾气，有可能是睡眠缺乏。

（二）睡不着的时候可以让孩子自己看会儿书

有时，上床早了，可能睡不着，不妨让孩子坐在床上看一会儿书，一定不要玩手机。如果能看会儿纸质的书，或者看会儿课本，既复习了功课，又能安静下来，容易进入睡眠。

（三）为孩子准备一个喜欢的小闹钟

告诉孩子把闹钟调好，并放在离自己较远的地方。这样孩子就不得不爬起来关掉它，以此督促孩子按时起床。

（四）到点醒来后让孩子马上起床

孩子起床后，立即去刷牙洗脸，不要再回到床上继续睡。

（五）父母要尽量以身作则，形成按时睡觉起床的习惯

如果孩子与爷爷奶奶等老人一起住，要提醒他们，到了孩子睡觉的时间，自己也不要看电视或打麻将。否则，孩子肯定会受影响的，不容易睡着。

（六）尽量不要以"特殊情况"为理由，随便打乱规定的作息时间

比如，本来安排孩子晚上 9 点睡觉，因为有好看的电视节目或其他事情，就同意孩子看完电视或做完事情以后再去睡；本来规定孩子早上 7 点起床，因为家长有别的事情就让孩子迟点儿起床等。要注意养成孩子遵守作息时间的习惯。

（七）在孩子睡觉之前，家长应该让孩子自己做些睡觉前的准备

在孩子睡觉前，要让孩子做些准备，如刷牙、洗脸、洗脚、整理床铺等，这个过程看似简单，却是在对孩子进行"心理暗示"，让孩子知道"该睡觉了"。

三、培养孩子良好的运动习惯

科学家发现，体育运动能直接促进生长激素的分泌，促进孩子身心健康发展。因此说，培养孩子良好的运动习惯是非常重要的。如何培养孩子的运动习惯呢？

（一）发现孩子喜爱的运动项目

体育锻炼的形式很多，如跑步、打球、游泳等。任何一种运动形式，都

能帮助儿童健康成长。

作为家长，要了解孩子的运动兴趣，培养孩子的运动兴趣。如果不知道孩子的兴趣，可以和他们尝试各种运动方式，看他们对什么感兴趣，再给他们提供帮助。

（二）在家的时候尽量找机会同孩子一起锻炼身体

孩子喜欢模仿大人的行为，大人带头锻炼，尤其是同孩子进行游戏、比赛，更能引起他们的兴趣，有利于孩子养成好的习惯，而且能增进家长与孩子之间的感情，例如，可以一家人打打羽毛球、乒乓球，踢踢毽子，等等。

（三）打电话可以与孩子就体育明星这一话题进行交流

孩子对体育明星，如武术高手、足球名将、篮球巨星、拳坛怪杰都十分钦佩，也渴望学点儿专门的体育技术。家长可以适当引导，激发孩子的锻炼热情。良好的锻炼习惯往往就是在这种热情中养成的。

（四）过年过节回家，可以给孩子买一些与体育运动有关的礼物

回家探亲，可以给孩子买一些与体育运动有关的礼物，如运动衣裤、运动鞋袜、跳绳、毽子、乒乓球、羽毛球、足球、沙包等，调动孩子的运动兴趣。

父母读给孩子听

你是不是希望自己长得越来越漂亮，脑子越来越聪明？可是你知道吗，

外表和智力与一个人的行为习惯尤其是饮食习惯、睡眠习惯、锻炼习惯有很大关系！我们看看不良的饮食习惯、睡眠习惯有哪些不好的影响吧。

首先，一个人如果小时候不吃早饭、挑食、吃太多零食，会营养不良。营养不良的一个最大的坏处是什么呢？就是个子长不高，身体很瘦弱。想想看，要想漂亮、潇洒，挺拔的身材是基本的吧！还有，科学家发现，长个子是在睡眠的时候进行的，如果我们经常熬夜，不好好睡觉，就会降低长个子的速度。等长大了，过了生长发育期，想弥补都来不及了。

其次，饮食习惯不好，还会影响牙齿的发育，吃太多的糖，喝太多的碳酸饮料，会有蛀牙，使牙齿过早脱落，这会影响脸部的发育，有时可能会使你的脸变形，这样，就肯定不漂亮了。

最后，也是最重要的，大脑的发育是需要很多营养的。如果长期不好好吃饭，大脑长期缺乏营养，就不会变得越来越聪明了。

为了使自己长大后，更加漂亮，更加聪明，看看我们现在应该做点儿什么吧。

第一，每天要吃早餐。不吃早餐，肚子会咕咕直叫，更危险的是，容易低血糖晕倒，万一晕倒在没人的地方，会有生命危险。早餐尽量吃得有营养，最好能吃馒头、米饭、鸡蛋或肉、蔬菜和水果。早餐吃得丰富，不仅身体健康，而且脑子也会发育得更好。

第二，少吃零食或不吃零食。不能用零食代替早餐、中餐或晚餐。不健康的零食里几乎没有蛋白质和维生素。而蛋白质和维生素是大脑和身体发育必需的营养。如果只吃零食，虽然感觉不饿了，可是大脑和身体缺乏营养，时间久了，就会生病。

第三，要多喝水，喝牛奶和酸奶，少喝饮料。成人每天要喝八杯水呢，所以水很重要。牛奶和酸奶更有营养，不仅能保证我们长个儿，也能促进大脑发育。当然了，我们也可以多喝一些绿豆汤、蔬菜汤，这些都是很有营养的。

有一些饮料我们最好少喝。有些饮料，含糖多，防腐剂多，对牙齿和身体有害。孩子你一定要记住，家里的凉白开（晾凉后的开水）、绿豆汤，比饮料更健康呢。

另外，我们家里蒸馒头剩下的蒸锅水，对身体有害，尽量不喝。

小知识

18 岁以下人群体重、身高、腰围标准参考表

	体重（单位：kg）		身高（单位：cm）		腰围（单位：cm）	
	男	女	男	女	男	女
出生	3.5	3	50	49	40	39
半岁	8.2	8	68	67	45	45
1 岁	10	9.5	75	75	47	47
2 岁	12.5	12	87	87	48	48
3 岁	14	14.5	96	97	49	49
4 岁	16	16	104	105	50	50
5 岁	19	18	110	111	51	51
6 岁	21	20	115	117	52	52
7 岁	23	23	122	124	54	54
8 岁	27	27	130	132	56	56
9 岁	30	29	135	136	58	59
10 岁	34	32	140	142	60	62
11 岁	38	36	145	147	62	64
12 岁	42	41	152	152	64	66
13 岁	48	44	159	156	68	68
14 岁	53	48	166	158	70	69
15 岁	57	50	168	160	72	69
16 岁	59	50.5	170	160.5	73	70
17 岁	60	51	172	161	74	71
18 岁	61	51.5	172	161.5	75	72

第四，早睡早起，保证睡眠充足。小学生每天睡眠时间要保证 9 个小时，中学生要保证 8 个小时。你自己算一算，几点睡，几点起，才能够达标呢？你可能刚开始睡不着，不过没关系，可以坐在床上看一会儿书，看一会儿眼

睛累了，就容易睡着。睡觉前千万别听音乐，这样特别容易失眠呢！如果早上醒不了，爸爸妈妈给你买一个漂亮的小闹钟来叫醒你，闹钟一响，立刻起床，然后去刷牙洗脸。一般洗完脸后，就彻底清醒了。

第五，养成锻炼的好习惯。你可能会说，我上学很累，不想锻炼。可是，你知道吗？锻炼是减轻疲倦的一种有效的方法。如果放学后，踢踢球，跳跳皮筋，跑跑步，都会促进身体兴奋，不仅保证身体健康，而且还能分泌一种叫"生长素"的物质，促进你长个儿。要想长得更高，除了要多睡、吃好，还要多锻炼。

亲子互动话题

1. 孩子，你最喜欢什么运动？你能给我做几个动作吗？在和孩子的交流中，家长可以说说自己喜欢的运动，也做几个动作给孩子看。

2. 你最喜欢哪位体育明星？他（她）是从事什么运动的？家长也可以说说自己的喜好和运动感受。

重要的建议

1. 教育孩子一定要吃早餐，不吃或少吃零食，不喝或少喝饮料。

2. 教育孩子一定不要熬夜，养成早睡早起的好习惯。

3. 回家的时候给孩子买一双漂亮的运动鞋，激励孩子运动起来。

第二篇

安全成长数第一

谁来教给孩子安全常识？

父母外出打工，把孩子留在家里，留给爷爷奶奶照看，谁都希望孩子能平平安安地健康长大。可是，脱离了父母的照管，孩子面临的危险就会增加。田家村的黄家两兄弟外出打工，把孩子交给了爷爷奶奶。谁也没想到就遭遇了这样的不幸：两个孩子，一个男孩、一个女孩，在一场大火中失去了幼小的生命。

"我的儿子就倒在进门左边的地上，侄女躺在正对门口的地上。离门口只有一步距离，他们怎么就不知道跑出来呢？"男孩的父亲无比悔恨和悲痛。是啊，孩子才刚刚六七岁，平时父母不在家，谁又能教给他们防火、逃生的方法呢？

写给父母的话

田家村的黄家两兄弟的悲剧给了我们大家一个警示：父母不在家，孩子会面临着各种危险。为什么留守儿童面临的危险会更多呢？我们来分析一下原因。

一、缺少父母的日常看管

父母外出以后，孩子一般由其爷爷奶奶照看。他们大多年纪太大，精力有限，很多老人甚至病痛缠身，并且他们受教育程度偏低，难以胜任教育留守儿童的重任。在大多数时间里，都是孩子们自己上学，自己玩。

二、学校安全教育不足

农村地区的教育，受考试升学压力的影响，关注学生的学习较多，安全教育较少，尤其缺少一些应对突发状况的安全知识和求生技能的教育。这样，留守儿童在面对一些突发事件时，往往会失去判断能力，缺少自我保护和自我救助的常识。

三、留守儿童安全意识和自我保护能力薄弱

家庭与学校安全教育缺失等诸多原因造成留守儿童的安全意识和自救技能缺乏。例如，孩子在起火后不知道如何求生；经常去野外游泳；缺少成人的

警告；等等。由此可见，留守儿童自身的安全意识和自我保护能力非常薄弱。

四、社会缺少防范意识

留守儿童是意外伤亡事故的高发人群。每一起儿童意外伤亡事故，都源于多种社会责任缺失。例如，在危险的水域，应该安置警示的牌子；在容易着火或者触电的区域，应安装防护栏，以阻挡孩子进入危险区。如果这些管理工作都做得十分到位，有些悲剧本来是可以避免的。

通过分析可以看出，发生安全事故，有社会的原因，有家庭的原因，也有学校的原因。无论是何种原因，无论是谁的责任，一旦孩子发生安全事故，受伤害最大的是孩子和家庭。所以，我们一定要做好防范工作，避免各种悲剧的发生。

给家长的建议

下面我们分室内安全和户外安全两部分，向家长提出一些建议。

一、要牢记室内安全

为了保证孩子的安全，重点工作一定要放在如何预防上。下面是给留守儿童家长的一些室内安全建议，包括预防烧伤、烫伤事故，触电事故，中毒事故等，希望您能认真地阅读，为孩子的健康成长营造一个安全的环境。

（一）预防意外烧伤、烫伤

由于父母不在身边，多数孩子要自己烧火、做饭、炒菜、烧水，稍不留意，孩子被热饭、开水、火炉烫伤、烧伤的情况就会发生。

有的家庭条件稍好，使用煤气灶具，但也会出现儿童使用煤气灶具不当发生漏气导致火灾的情况。还有的孩子出于好奇，玩火柴和打火机，也容易引发烧伤事故。

从各地医院烧烫伤中心披露的统计数据看，近年来接诊的烧、烫伤儿童中超过一半是留守儿童。杭州一个6岁的孩子军军的脚被严重烫伤，因为奶奶烧了一壶开水放在地上，还没有来得及灌进热水瓶，就被军军一不小心踢倒。所以告诉孩子如何预防意外烧、烫伤非常重要。

无论多忙，父母总有回家的时候。在家里，父母至少可以做以下4件事情，帮助孩子预防烧、烫伤。

1. 平时注意将热水瓶、热锅、热汤盆放在小孩不易碰到的地方，有条件的可以用支架将其固定，即使碰到，也不易打翻。

2. 每年定期找专人检查家里使用的煤气罐和煤气灶，确保安全。如果煤气罐或者煤气灶有安全隐患，立即维修或换新的。记住，孩子的安全比金钱更重要。

3. 教育孩子做饭的时候，不要离开灶台。

4. 家里不存放易燃易爆的物品，尤其是大人不在家时，一定要把剩余的鞭炮或易燃物品处理掉。

教育孩子记住以下这些知识。

1. 如果室内着火，要马上用打湿的毛巾、衣服或者床单，捂住口鼻，

弯腰逃出去。

2. 如果是小火，首先要分清是什么引起的着火。如果是一般物品着火，用水将火浇灭；如果炒菜的油锅起火，记住千万不能用水浇灭，可盖上盖子，或把锅从火上移到安全的地方；如果是电线起火，也不能用水浇灭，应该马上拉断电源总闸。

3. 如果是衣服着火，一定不要站立或奔跑呼叫，最好迅速卧倒，慢慢在地上打滚，压灭火焰。

4. 如果烧伤严重，必须及时就医，要记得拨打 120 急救中心电话或者拨打其他求助电话，获得救助。

据统计，在火灾中死亡的人，80% 是因为吸进了有毒烟雾窒息而死的，只有少部分是烧死的。所以，告诉孩子，发现失火，先用湿毛巾、湿布等捂住口鼻，再弯腰，将身体放低，迅速逃离火场。

处理烫伤烧伤的小知识

1. 如果是被液体烫伤，应立即剪去被浸湿的衣服。如果衣服与皮肉黏合在一起，不要强行撕扯，而是剪去没有粘连的部分。剪刀不要碰到伤口。

2. 手和脚被烧伤的，包扎时应将手指或脚趾分开。

3. 用冷水浸湿干净的毛巾敷于烫伤烧伤的地方，一般敷半个小时到一个小时即可。

4. 受伤的孩子口渴时，可一点点地喝淡盐水、盐茶水，重复多次。如果属于大面积的烧伤（超过 40%）并且出现呕吐，在 24 小时内不要吃东西，口渴时用少量水把嘴巴弄湿润就行了。

如果孩子不小心烫伤了，可以教给他们这样处理：

1. 如果烫伤不严重，先将被烫伤的部位用自来水冲洗或者直接放到干净的冷水中。如果家里有治疗烫伤的药物或是青霉素眼药膏等，可以涂抹。不要涂紫药水、红药水、酱油、牙膏等。

2. 如果烫伤严重，必须及时就医，要记得拨打 120 急救中心电话，争取获得专业人员救助；也可以拨打相关求助电话。

（二）预防触电事故

随着电器使用越来越多，防止触电也是非常重要的一件事情。不少孩子因为没有安全用电的意识，导致发生悲剧。

兴宁市水口镇一名 14 岁的男孩小古，父母外出打工，平时和爷爷住在一起。小古洗澡的时候触电，瘫倒在地上，手里还拿着喷头。年过七旬的爷爷根本无法独自抱起体重90多斤的孙子,用尽了全身力气呼喊，却找不到人帮忙。小古的叔叔赶来将小古送到了当地医院抢救，由于伤势过重，最终抢救无效死亡。后来发现，是由于热水器漏电，才发生了这样的悲剧。

为了预防触电事故，提出如下建议。

1. 告诉孩子，不可以用沾水的手触碰电器或者用湿毛巾擦拭通电设备。

2. 从大城市的商店里，购买一些安全的有漏电保护的插座，注意不要购买劣质的没有合格证的小电器，如插座、小电扇、手机充电宝、台灯等。

3. 父母回家时，要及

时检查家里的电器、电线。如果出现漏电现象，及时修理；如果电线老化，要及时更换。

防止触电与触电处理的小知识

1. 家用电器通电后一旦出现火花、冒烟或烧焦等异常情况，应立即停止使用并切断电源。

2. 远离高压线，不要在高压线附近玩耍，不要触碰掉落在地上的电线。

3. 出门时，检查电源，做到人走灯灭。

4. 告诉孩子或爷爷奶奶家里电源总闸的准确位置，以便不时之需。

5. 告诉孩子，有小伙伴触电时，千万不要用手去拉小伙伴，要用干木头将电线拨开。如果没有大人，首先要拔掉电源插座、关上开关、拉下电源总闸。如果找不到电源的开关，用干燥的木棒、扁担、竹竿、木手杖等把电线挑开。要及时拨打 120 急救电话或 110 报警电话。

（三）预防食物中毒

近年来食物中毒的案例时有发生。有的孩子吃了变质的食物中毒，有的孩子吃了有毒的食物，如吃了有毒的蘑菇就会中毒。

为了预防食物中毒，建议父母至少注意以下 6 个问题。

1. 不论父母在家或不在家，特别是不在家时，要叮嘱老人，一定要将家里的鼠药、农药等有毒物品放在孩子不易接触的地方，最好锁起来，并写上"有毒"二字。同时，告诉孩子，标有"有毒"两个字的东西是有毒的，让孩子不要去拿这些物品。

2. 如果在院子里的树木、水果或蔬菜上喷了农药，要竖立警示牌，室内灭蚊喷药后，要紧闭门窗，在人进入前要先开窗通风一段时间。

3. 不要在放置食物和餐具的地方喷洒农药或杀虫剂，也不要喷洒在儿童玩具、床铺等物品上。

4. 不给孩子购买没有生产日期、没有合格证、没有生产地址的三无食品，不让孩子吃过期的食品。

5. 教育孩子不要随便采摘野外的瓜果；烂了的水果不能吃，即便是有一点儿烂，也不能吃；吃水果前一定要清洗，不要摘下来就吃，以防农药中毒。

6. 没吃完的食物应注意保存好，有条件的可放入冰箱，没条件的也尽量放在家里比较阴凉的地方。再次吃这些食物时，一定要加热煮沸，以免食物中毒。

小知识

发生食物中毒后的处理建议

1. 告诉孩子尽快拨打120或者110电话，或者紧急送到医院治疗。这是首先要做的事情。

2. 如果是变质的食品中毒，想办法尽快吐出来。用筷子或手指刺激咽喉部，诱发呕吐。或者让孩子吃一些泻药，促使有毒食物尽快排出体外。

3. 如发现身体有被农药污染的迹象，应立即脱去被污染的衣裤，迅速用清水冲洗干净，不能用碱水或肥皂。

（四）预防煤气中毒

2014 年，一名 12 岁的小男孩，平日与奶奶一起生活，由于洗澡时疏忽，导致煤气中毒。隔壁邻居的阿姨在马路上求救，恰好赶上民警出警巡逻，警车一路奔驰，第一时间把小男孩送到了镇卫生院，最终避免了一场悲剧的发生。

煤气中毒的有关常识

小知识

煤气中毒是指一氧化碳中毒，一氧化碳是一种无色、无臭、无刺激气味的气体，是一种由于煤或天然气燃烧不完全而产生的毒物。一氧化碳极易与血液中的血红蛋白结合，破坏其输送氧的正常功能，造成大脑严重缺氧。当空气中的一氧化碳含量超过 0.05% 或者每立方米 30 毫克时，就可使人中毒。因为一氧化碳无色无味，不易被人察觉，所以极易引起一氧化碳中毒甚至死亡。

煤气中毒的症状有：

轻度中毒。出现头痛、头晕、失眠、视物模糊、耳鸣、恶心、呕吐、全身乏力、心跳过速、短暂昏厥等症状。

中度中毒。除上述症状加重外，口唇、指甲、皮肤黏膜出现樱桃红色，多汗，血压先升高后降低，心率加速，心律失常，烦躁，有思维，但不能行动。

重度中毒。患者进入昏迷状态。患者面色苍白或青紫，血压下降，瞳孔散大，最后因呼吸麻痹而死亡。

冬天生火造成煤气中毒的原因主要有两个：

一是使用不合格的炉子。例如无烟筒的简易炉子、炉子的烟道口狭窄、烟筒不合格，或者是房间密闭太好，不通风。

二是使用方法不当。例如，没有及时清理烟道的积灰、炉盖未盖严。另外，炉具和烟筒安装不合理也同样会引发事故。

煤气中毒的处理方法

1. 煤气中毒后，会出现头痛、头晕、恶心、呕吐、耳鸣、眼花、四肢无力等症状，严重的可出现昏迷、呼吸不均匀，有可能在短时间内死亡。如果不舒服，要跑出室内，及时告诉家人。

2. 告诉孩子，如果发现有人煤气中毒，首先应拨打 120 或 110 等急救报警电话，争取救治时间。

3. 如果发现有人煤气中毒，不要慌张地冲进一氧化碳浓度很高的室内，以防自己中毒。进入室内必须先打开门窗通风，千万不能开灯，也不能使用打火机、火柴、电话、电视等一切易产生明火和电火花的东西，以防引起爆炸。

4. 进入溢满煤气的室内抢救中毒者前，可先吸一大口气，然后用湿毛巾等捂着鼻子进入室内，立即关掉煤气开关，查找煤气泄漏原因，尽快排除隐患。

5. 抢救时，应该立即把中毒者抱到空气新鲜的地方或迅速打开门窗通风，同时解开中毒者衣扣和裤带，让其呼吸通畅（但要注意保暖，防止生病，如患肺炎）。

6. 如果中毒者呼吸微弱或停止了，需要立即做口对口的人工呼吸；一面抢救，一面尽快送往卫生所或者医院做进一步治疗。

小明家的玻璃少了三分之一

小明一家住在山东省泰安市的一个小山村。有一天，邻居王阿姨来小明家串门，发现小明家房门的玻璃少了一块。本来这扇门有六块玻璃，可是最左下角的那块玻璃，少了三分之一。

王阿姨很奇怪，小明爸爸是一个非常疼爱孩子、非常细心的家长，这玻璃少了三分之一，这大冬天的，孩子肯定感觉冷，怎么不及时补上呢？

小明爸爸回来后，王阿姨说："我家刚好有一块剩余的玻璃，留着也没用，我一会儿就去拿过来，您给补上。"

小明爸爸听了哈哈大笑："谢谢您的好意，这块玻璃，是我故意截下来的。"

"为什么？"王阿姨很纳闷儿。

"因为我这房子是新盖的，密封性特别好。炉子是旧的，没有安装烟囱，怕煤气散不出去，尤其是晚上，睡着后，更容易煤气中毒，所以，就索性留了一个小口。目的就是让新鲜的空气进来，避免煤气中毒。虽然冷一点儿，但我再也不担心孩子煤气中毒啦！"

王阿姨听了，才恍然大悟，感觉小明爸爸还真是一个细心的爸爸啊！

（五）预防器械伤人

穷人的孩子早当家。一些农村的孩子，父母不在身边，常常需要干一些农活。小到给猪、羊割草，大到操作一些农业机器。这些都有可能会给孩子带来伤害。

很多孩子由于好奇心，也往往将一些尖锐工具连同铅笔、筷子、钉子、玻璃片等一起当做玩具来玩，极易对身体造成伤害。因此，建议父母要告诉孩子及照顾孩子的老人，特别要注意以下问题。

1. 如果孩子被生了锈的器具划伤，特别是伤口较深时，应及时处理。此外，破伤风杆菌广泛存在于泥土、粪便当中，对周围环境有很强的抵抗力。当受伤时，破伤风杆菌可侵入伤口污染深部组织，引起破伤风。因此遇有铁锈或粪土等污染的伤口时，千万不要大意，一定要去医院或者卫生所打破伤风针。

2. 平时大人干完活回到家，一定要将镰刀、铁锹、锄头、剪刀、锤子、菜刀、锥子、铲子、钩子、火钳、斧头等危险工具放置在孩子接触不到的地方。

3. 如果在劳动过程中，孩子出现划伤，要及时医治。一些敏感、显眼部位受到的伤害（如五官受到伤害）或比较严重的伤害（如伤口大而深、大出血等），要去医院包扎、治疗。

4. 不要忽略一些隐蔽部位受到的伤害（如腿部、屁股等）或比较轻微的伤口，如果伤口比较深，也很容易发生破伤风。

小知识

关于破伤风

破伤风是由破伤风杆菌导致的一种神经系统中毒性疾病。

破伤风杆菌侵入肌体不会立即发病，只有当破伤风杆菌繁殖到一定数量，产生一定的毒素人才开始发病，所以破伤风病有一个潜伏期，一般为 3～14 天。一般 4～6 天时，就会发病，潜伏期越短，病死率越高。

刚发病时，一般不发热，一定时间后体温升高到 38～40℃ 之间，抽搐发作越频繁，抽搐时间越长，病情就越重，如抢救不及时往往引起死亡。

得了破伤风的儿童，症状是牙关紧闭，面部肌肉痉挛，好像是苦笑。幼儿如果得了破伤风后，会口吐白沫，喂食困难，严重者全身缺氧引起口唇青紫、窒息。

二、户外安全问题须警惕

孩子除了在室内活动外，他们更多的时间是在户外活动，有时甚至独自进行户外活动。这时他们将会面临户外的危险，如车祸、溺水、被动物咬伤等。出门在外的父母，都希望孩子能避免这些危险，平平安安地长大。那么有哪些方法能帮助孩子避免户外危险？

（一）预防孩子溺水

每到暑假，都会有不少溺水死亡的中小学生。这些孩子，或者在水塘洗衣物滑入水里，或者在水塘游泳玩耍。他们中有的会游泳，有的不会。如 2012 年，湖北一家 6 个孩子，有 5 个孩子溺亡；南昌一家 3 个孩子，全部溺水死亡。他们都是一些如花般的孩子，非常令人心痛。

1. 预防溺水。

第一，教育孩子不要独自一个人去游泳或到野外玩水，尽量与成人一起去。同伴会游泳，自己不会，不要因眼馋而下水。

第二，教育孩子学游泳时或者嬉水时，尽量在水浅的游泳池里，不要在不安全、不熟悉的江、河、湖、海或池塘里游泳。

第三，如果到熟悉的地方游泳，也要教育孩子在下水之前观察地形情况，遇到水中有旋涡、乱石、水草或淤泥等，就不要下水，以免陷在淤泥里或被水草缠住不能脱身。

第四，下水前，要做好热身准备运动，可以先活动活动筋骨，压压腿，以免由于冷水刺激而抽筋。

第五，教育孩子不要在特别累、特别饿的时候下水；不要跳水，尤其是在不知道水有多深的情况下，也不能在有淤泥的水塘里跳水。

2. 发生溺水事故怎样处理？

第一，告诉孩子如果掉到水里，首先要大声呼救，引起附近人的注意而获得救助。

第二，教育孩子要冷静，慢慢使身体处于仰卧位，头向后仰，将嘴和鼻子尽量保持露出水面，这样可以呼吸。不要乱扑乱打，手和脚在水下要有规律地划动，这样可以保持身体漂浮。同时，要深呼吸，慢慢呼气，不要紧张。

第三，教育孩子可以用双脚使劲踩水，帮助身体浮在水面，陷入水中的时候，闭上嘴，并屏住呼吸，以免喝入大量的水。

小知识

抢救落水者的方法

1. 发现有同伴掉入水中，如果自己不会游泳，应大声呼叫周围的人来救；如果离家不远，要赶快回家叫大人来，不要自己跳到水里去救。

2. 如果同伴落水的地方离大人较远，周围没有大人，可以寻找木棍、木板等东西递给落水的同伴。

3. 如果自己会游泳，想去救同伴，下水前要尽量脱去外衣，下水后应从同伴背后接近。

4. 将落水者救上来后，让其头偏向一侧，撬开嘴巴，清除嘴巴和鼻子里的泥沙、污物，将舌头拉出嘴外，保持呼吸道通畅。

5. 可以就近找一块石头，将落水者放在石头上，头朝下，使积水倒出。或者将其腹部横放在自己的一条腿上，轻压其背部，或将其腹部放在自己的肩上，扛着快步奔跑，或者放在牛、马等动物身上，使动物慢慢行走，使其积水倒出。

6. 如果落水者的呼吸心跳停止，要按压胸部，请医务人员进行具体的抢救。如果落水者有了呼吸，按摩腿和胳膊，促进其血液循环。

（二）预防交通事故

无论是城市还是乡镇、农村，汽车越来越多，交通事故也越来越多。为了避免交通事故，我们应该教育孩子遵守交通规则。为了教育孩子，家长一定要自己始终遵守交通规则。

小知识

为什么农村的车祸越来越多？

农村经济不断发展，不少富裕起来的农民，购买了小汽车、农用三轮车、电动车。调查结果显示，在这些购买了机动车的农民中，有不少人没有在正规驾校学习，无照驾驶；有的人不遵守交通秩序，开快车，强行超车、并线；很多人不对车辆进行年检，使得车辆存在安全隐患。农村孩子的交通安全意识也较薄弱，以致悲剧接连发生。

为了避免交通事故，父母要注意以下问题。

首先，与孩子在一起时，严格遵守交通规则，不闯红灯。哪怕您有急事，哪怕马路上没有车，也要按照交通规则行走，让遵守交通规则成为一种行为习惯。这样，当您不在孩子身边时，他（她）才能自觉遵守交通规则。

其次，告诉孩子，在路上行走、骑车时，一定要靠右行。不在路上嬉闹追逐，从村口或家门口出来时，不要猛跑，要先看看是否有车辆通过，不要在车前抢先过马路。

再次，路边停有车辆时要注意避开，以免汽车突然启动，发生事故。

最后，回家的时候，为您的孩子买一个漂亮、结实的头盔，无论孩子坐自行车、摩托车还是电动车，都会用得上。

骑车安全小常识

如果孩子不到 12 周岁，不要让自己的孩子独自骑自行车上路。给孩子准备安全的自行车，最好准备一个头盔，并且告诉孩子骑车时应该注意的问题。

1. 不骑没有车闸的自行车，要经常检查自行车轮胎、车闸、链条、车铃等重要部位，有问题要及时请家长或者他人修理。尤其是车闸，一定要保证灵活有效。

2. 骑车时要靠右边骑，转弯时要减速慢行，打手势并且注意观望，不能突然猛拐。

3. 骑车不要三五成群，同学一起骑车时，要排成一列，而不是一排，不要相互追逐、竞驶。

4. 不要一手拿着东西，一手骑车，更不要双手离把，逞一时之快。

5. 骑车时不要载人，也不要载太重的货物。

6. 雨雪天，路面湿滑，骑车要慢走且不要撑伞骑车，因为雨伞易挡住骑车人的视线，可穿着雨衣。

另外，乘坐他人的电动车或摩托车时，一定要带上头盔。小孩子绝对不能骑电动车、摩托车。

（三）预防被爆竹炸伤

小芳爸爸是这样选鞭炮的

又到了快过年的时候，小芳的爸爸去集市上买年货和鞭炮。

小芳的爸爸进入集市，先进行观察。一般卖鞭炮的商户，都会不时地放一些鞭炮，小芳爸爸选了几家鞭炮声音不是特别响，鞭炮飞得不特别高的商户。然后观察鞭炮的包装，看看产地、燃放说明，问问价格，选中了一款价格适中、具有安全使用说明的鞭炮。

小刚的爸爸问，您在外边上班，挣那么多钱，为什么不选声音大的、飞得高的鞭炮呢？

小芳爸爸说，放鞭炮是过年的一种仪式，为春节增添节日气氛，为大家带来快乐，只要声音中等就可以了，声音太大的，不仅噪音太大，而且不安全，一旦出现事故，这种劲大的鞭炮伤害会更大。

亲爱的家长朋友，您觉得小芳爸爸的这种做法是不是有道理呢？

下面是给父母提出的一些预防爆竹炸伤的建议。

第一，家长要购买质量过关的爆竹，不要图便宜购买非法生产的劣质爆竹；不购买威力太大、升空过高的爆竹。

第二，点燃鞭炮后，若没有炸响，不要急于上前查看，不要去捡，要等5分钟以上再去检查；不要对未点燃的烟花爆竹进行二次点燃。

第三，烟花爆竹买来后，应该存放在远离火源的安全地方，不能放在炉火旁；另外，购买后尽快燃放，尽量减少在家存放的时间。

第四，告诉孩子，不要独自燃放爆竹。

第五，带着孩子燃放烟花爆竹时，要选择空旷的地带，远离人群、住宅、楼梯口、小弄堂、加油站、变电站、高压线、草场、山林、工厂、仓库、农贸市场、粮囤、柴垛等易燃易爆场所，燃放完后应仔细检查，发现余火残片碎纸应及时清理。

（四）预防动物咬伤

小明在一家医院看病时，遇到一位爷爷领着孙子打狂犬疫苗。医生在给小朋友检查伤口时，小明发现，小朋友的手上只有一条非常细小的伤口，流血很少。小明很好奇，问医生："阿姨，这么轻的挠伤，都没有怎么流血，也要打疫苗吗？"

医生耐心地回答："是啊，这个小朋友家里养了一条狗，虽然这次咬得不厉害，流血不多，但是狂犬病菌非常厉害，一旦感染，目前我们没有救治的办法，所以，还是要做好预防啊！一定要在 24 小时之内注射第一针，后续还要根据医生的安排打第二针、第三针……"

如何预防孩子被狗、猫或其他动物咬伤？

1. 教育孩子去串门时，若不知道主人家里是否有狗、鹅等喜欢咬人的动物，要在门外敲门，等主人来开。不要径自闯到人家家里，以免被动物咬伤。

2. 教育孩子远离狗（猫），不要逗弄狗（猫），尤其是陌生人家的狗（猫）。对于较小的孩子，不要让孩子与狗（猫）单独待在一起。

3. 当孩子不小心被狗或猫抓伤、咬伤，哪怕伤口不大、不深，也必须注意下面三件事情：第一，要打狂犬疫苗；第二，用清水冲洗干净伤口；第三，不要包扎。因为狂犬病毒是厌氧的，在缺氧的情况下，狂犬病毒会迅速大量繁殖。

除了狗和猫以外，农村孩子下地劳动，有时会被蛇咬伤，针对这样的情况，可以告诉孩子这样做：

1. 尽量不要去杂草丛生的地方玩，实在不得已需要从草丛中经过时，可以借用一个树枝，边走边拍打杂草，这样，隐藏在杂草里的毒蛇就会溜走。

2. 如果迎面遇到蛇，千万不能转身就跑，要悄悄地离开。如果手中有东西，如帽子、水壶等，可以先把东西扔在地上，然后再转身跑。蛇有了进攻目标之后，就不会再追赶你了。

3. 如突然发觉有蛇在身上爬或从脚上经过，应该屏住呼吸，一动不动，等蛇爬过。千万不要着慌、不要大声尖叫等，更不要去抓蛇、打蛇等。

小知识

被毒蛇咬伤后的处理方法

每年都会有不少孩子被毒蛇咬伤，那么，孩子被毒蛇咬伤后怎么办呢？

初步处理

1. 一旦孩子被毒蛇咬伤后，应立即用柔软的绳子、带子、布条在孩子被咬伤处上方（距离心脏近的地方）距伤口一指多点儿的地方勒住，截断血液的流动，防止蛇毒扩散。

2. 每隔 15 ～ 30 分钟放松 1 分钟，以免肢体坏死。

3. 减少孩子的活动，尤其避免伤口活动，减少毒液扩散。

4. 伤口周围皮肤用肥皂水、清水、盐水等冲洗，如有条件用吸乳器或拔火罐吸出毒液。在紧急情况时，也可用嘴吸出毒液，边吸边吐，再用清水漱口。

随后处理

初步处理后，要迅速将伤者送往医院、卫生所、诊所，进一步进行治疗。

被马蜂蜇伤的处理方法

不小心被马蜂蜇伤是常有的事情。教育孩子要尽量预防。

首先，要远离马蜂窝，千万不要捅马蜂窝。如果马蜂的"家"被人捅了，会对人进行攻击。

其次，如果家里附近有马蜂窝，担心被蜇，可以请大人，在做好防护的基础上，将马蜂窝烧掉或摘掉。

不小心被马蜂蜇伤后，该怎么办呢？

1. 最好立即去医院处理。因为有的人对马蜂毒液过敏，情况严重时可能导致呼吸困难，甚至死亡。如果出现头疼、头昏、恶心、烦躁、发烧等症状，尤其是出现呼吸困难、呼吸声音变粗、带有喘息声音，哪怕一点儿也要立即送往最近的医院去急救。

2. 用肥皂水、尿液等碱性液体洗敷伤口，减弱毒性，可起到止痛的作用。

3. 如果伤口处有残留的蜇刺，应立即拔掉。如果刺折断在伤口里，需要用干净的针挑出来。

4. 在伤口上涂抹无极膏、风油精、清凉油、万花油、红花油、绿药膏等药品，可消肿去痛。

5. 民间也有人用洋葱、生姜、大蒜、马齿苋（一种野菜）等植物进行消毒。

6. 切记不可用红药水或碘酒搽抹伤口。

父母读给孩子听

生活不总是一帆风顺的，有时候会面临意想不到的伤害。比如自己家或邻居家的房子着火了，可能会烧伤；不小心碰倒热水壶了，可能会烫伤；等等。遇到这些意外的危险，我们应该怎么办？

一、如何防止烫伤

首先，要记住，做饭的时候，人不要离开灶台，不然锅烧干了，就容易出现火灾。如果炒菜的油锅起火了，千万不能用水浇灭，用锅盖盖上，这样，锅里的火就会熄灭。

火灾中，是烧死的人多，还是被烟雾呛死的人多呢？有专家做过调查，在火灾中死亡的人，80% 是因为吸入了有毒的烟雾窒息而死的。所以，如果着火了，应立即用水打湿毛巾、衣服或者床单，捂住口鼻后，弯腰逃出去。

二、如何防止触电

在家里，不可以用沾水的手触碰电器或者用湿毛巾擦拭通电设备。

出去玩的时候，要远离高压线，不要在高压线附近玩耍，不要触碰掉落在地上的电线。

如果有小伙伴触电时，千万不要用手去拉小伙伴，要用干燥的木棒、竹竿等将电线拨开。或者关上开关、拉下电源总闸。记着，要拨打 120 或 110 急救报警电话。

三、如何防止食物中毒

一定要记住，爸爸妈妈把有毒的东西都收起来了，而且标有"有毒"两个字，你一定不要去碰它们。

在外边，不要吃果树上的水果，因为有时候，果树刚刚喷过农药，吃了这样的水果会有危险。烂了的水果不能吃，即便是有一点儿烂，也不能吃。

如果室内喷洒杀虫剂灭蚊，要紧闭门窗 10 分钟，在人进住前，要先开窗通风一段时间，等杀虫剂散发没味后人再进住。

孩子，你会看食品包装上的生产日期吗？不要购买和吃没有生产日期、没有合格证、没有生产地址的三无食品，不吃过期的食品。

家里的食物，如果馊了，一定要倒掉，没有吃完的饭菜，尽量放在家里比较阴凉的地方。再吃这些食品时，一定要加热。

如果吃了变质的食物，一定想办法尽快吐出来。用筷子、手指刺激咽喉，引发呕吐。或者吃一些拉肚子的药，及时排泄出来。

四、被钉子划伤怎么办

有一天，小军、小强和小亮三人一起去地里给猪割草，走到半路时，突然，小军"哎呀"一声，感觉脚好像被什么东西扎了一下。小伙伴们蹲下一看，原来，小军脚底下扎入了一根长钉子。

小强和小亮两个人赶紧帮小军把钉子拔了出来，拿干净的卫生纸给小军擦了流出的血。

过了一会儿，血止住了。小军说："没事了，咱们继续割草去吧。"

小强摇了摇头："不行，我们不能去割草了，我记得书上说过，被钉子扎了以后，由于伤口深，钉子上有铁锈，特别容易得破伤风，我们还是去村里的卫生所吧。"

三个小伙伴来到了卫生所，向医生阿姨说明了情况，医生阿姨给小军的伤口进行了消毒，并给小军打了破伤风针，还大大表扬了他们："你们三个今天做得很好，以后如果皮肤被刀子或钉子划破，且伤口很深的话，一定要来卫生所，尤其是被生了锈的器具划伤，更应该来卫生所打破伤风针。"

听了医生阿姨的表扬，三个孩子都开心地笑了。

五、远离水塘，避免掉入水中

每年暑假，都会发生小朋友掉到水塘里溺亡的事故。这些小朋友，有的会游泳，有的不会。一旦出事，他们的爸爸妈妈、爷爷奶奶都非常伤心。所以，你在家的时候，千万不要独自一个人去游泳或到野外玩水，如果想玩水，尽量与成人一起；或者等爸爸妈妈回来，一起去。

另外，不要去水深的河边玩耍、洗衣物。有时候，河水看起来很浅，可是里面可能有很多水草，能缠住腿脚，而且如果水太冷，腿会抽筋，这样很容易发生危险。

如果看见有小朋友掉到水里，首先要大声呼救，让附近的人来帮助施救，不会游泳，一定不要下水。如果周围没有大人，可以寻找木棍、木板等漂浮的东西扔给落水的小朋友。

六、要遵守交通规则，保证自身安全

孩子，在路上行走、骑车时，一定要靠右行。

与小伙伴一起走时，不在路上嬉闹追逐，这样注意力才能集中，有车辆经过时，你才能及时避让。同学一起骑车时，不要排成一排，不要相互追逐、竞驶。

另外，最重要的，从村口或家门口出来时，不要猛跑，要先看看是否有车辆通过，不要强行在车的前面抢跑。如果有红绿灯，一定要等绿灯亮了再走。

国家规定，不满12周岁的孩子，不能独自骑自行车上路，更不能骑电动车、摩托车。如果你的自行车闸坏了，一定要告诉大人，修好再骑。

乘坐他人的电动车或摩托车时，一定要带上头盔。

七、远离小动物，避免被咬伤

孩子，当你去小朋友家串门，不知道人家家里是否有狗、鹅等会伤人的动物时，要在门外敲门，等主人来开，不要径自闯入，以免被动物伤害。不要逗弄狗（猫），尤其是陌生人家的狗（猫）。

另外，不要对着一只狗（猫）大吼，哪怕是家里温和的宠物狗（猫），那样可能会激起狗（猫）的愤怒。不要拉狗（猫）的尾巴，不要扯狗（猫）的毛，不要想骑在狗（猫）身上。这些举动很容易引起它们发怒。当它们在吃东西、睡觉、哺育幼崽的时候，不要去打扰它们。想要表达友好应该是轻轻拍小狗（小猫）的后背，而不是头与前额。

如果你从小害怕狗（猫），碰巧又有狗（猫）追逐你，不要猛跑，低头弯腰装作捡石头砸它，这样狗（猫）会因害怕而逃跑。

当不小心被狗（猫）抓伤、咬伤，哪怕伤口不大，不深，也必须在 24 小时内打狂犬病疫苗。

亲子互动话题

1. 你会看商品上的生产日期、保质期吗？我们找几种零食的外包装，看一看吧。

2. 你知道咱家的电闸在哪儿吗？来，爸爸妈妈带你看一看。我们试一试，关上电闸或者打开电闸，会有什么变化？

3. 我们来演习一下着火的时候如何逃生吧。

小结

重要的建议

1. 每年定期找专人检查家里使用的煤气罐和煤气灶，确保安全。如果煤气罐或者煤气灶有安全隐患，立即进行维修或换新的。

2. 如果室内着火，告诉孩子先用水打湿毛巾、衣服或者床单，捂住口鼻后，再弯腰逃出去。

3. 不小心被铁器割破，尤其是被生了锈的器具划伤，或者被狗（猫）咬伤，告诉孩子一定要到医院打破伤风针或狂犬病疫苗。

第三篇

关注孩子好心理

父母外出打工后，为什么孩子像变了一个人？

小张夫妇家住贵州省边远山区。他们那里交通不便，经济落后，生活贫穷。他们有一对儿女小明和小丽。为了让一家老小能够摆脱贫穷，早日过上好日子，在孩子很小的时候，小张夫妇就忍痛离开了他们，奔赴大城市去打工，家里只留下了年迈的父母和年幼的孩子们。小张夫妇在他乡整日忙于生计，省吃俭用，三年后攒了一些钱，好不容易买上了春节车票返乡，发现几年不见，家里的孩子长大了，却变得陌生了。孩子们学习成绩不好，衣服不干净，经常感觉不开心，与自己无话可说，小张夫妇无法理解孩子，也不知道该怎么办。

写给父母的话

小张夫妇的孩子为什么会在短短三年内发生了这样的变化？先听听孩子们的心声吧。

远离父母，小明和小丽每天的生活都很单调，帮助爷爷、奶奶做饭，走很远的山路去学校读书，中午经常饿着肚子。

有时小明和小丽在想，自己的父母在远方干什么？他们想自己吗？小明和小丽经常能在梦中看见爸爸、妈妈带着新衣服、好吃的东西回家了。一阵喜悦后醒来发现只有冷冷、黑黑的房间……

小明和小丽的父母忙于生计，几年都不回来，而且也很少给他们打电话，所以每当看见小伙伴与他们的父母在一起，小明和小丽既羡慕又觉得别扭、失落；突然间爸爸、妈妈回来了，他们想这是自己的爸爸、妈妈吗？怎么这么陌生？

以上就是小明和小丽在远离父母后心理发生变化的轨迹。

为什么会发生这样的心理变化？再一起听听学校老师的看法。从老师的看法中，父母会更能理解孩子的心理变化。

小明和小丽都在贵州省的一所边远山区小学上学，学校中留守儿童占了65%，以五年级一个班为例，全班73名学生，其中留守儿童就有45人，小丽就是该班学生。

这些留守儿童，个人卫生较差的有 41 人，学习基础较差的有 42 人，不按时完成作业的有 40 人，成绩较差的有 41 人。由于留守儿童父母常年在外，学校教育常规工作——家长会都很难召开。

老师们发现留守儿童不仅存在生活问题、学习问题、交往问题，而且还有隐藏着的较严重的心理问题。王老师清楚地记得在一节数学课上，小丽独自趴在自己的座位上哭泣。王老师赶紧询问，小丽不肯说原因，只是连连摇头。王老师担心孩子生病，要送她去医院，小丽这才说是因为爸妈在外面打工，她太想念他们了。

留守儿童进入学校后，或多或少对学校环境会感到陌生、害怕，如果再遇到生活问题、学习问题、交往问题，家里又没有亲人能诉说，久而久之，就会出现各种问题。

从老师的叙述中，可以推断小明和小丽这样的留守儿童在父母离开后，存在着很多的不适应，一些积累的生活问题、学习问题、交往问题，会诱发心理问题，如消极情绪、内心的孤独、困惑等。这需要引起父母的高度重视。

给家长的建议

像小张夫妇这样的留守儿童父母外出打工后，怎样做到与孩子更好沟通、关心他们的成长呢?

一、在孩子较小时父母尽可能不要同时出去打工

孩子在 0 ～ 15 岁的成长过程中要经历 3 个关键期，具体为：幼儿期（0 ～ 5 岁，是社会化过程中智力发展和个性形成的关键期），童年期（6 ～ 11 岁，是社会化过程中培养学习品质和道德品质的关键期），少年期（12 ～ 15 岁，是社会化过程中自我意识发展的关键期）。

小知识

幼儿期是智力发展和个性形成的关键期

人类智力发展速度有时快有时慢，在某一时期对外界刺激特别敏感，容易接受特定的刺激而获得某种智力。

书面语言发展关键期在 4 ～ 5 岁，数概念获得关键期在 5 ～ 5 岁半，词汇能力发展的关键期在 5 ～ 6 岁，如果这些能力在关键期得不到发展，就会使得智力发展受到阻碍。

美国著名心理学家、教育家布卢姆认为，5 岁前是智力发展最为迅速的时期。瑞士心理学家皮亚杰也认为，从出生到 4 岁是人类智力发展的决定性时期。如果把 17 岁所能达到的智力水平看做 100%，那么从出生到 4 岁就获得 50% 的智力，4 ～ 8 岁可获得剩下的 30%，最后 20% 的智力则是 8 ～ 17 岁时获得的。

个性形成的关键期则在幼儿阶段。幼儿最初从家庭成员间、邻

里间以及幼儿园教师之间的道德、精神和心理等方面接受熏陶，逐步形成善与恶、真与假、好与坏、是与非的最初概念，学会如何对待周围的人和事，知道应当做什么，不应当做什么。从小培养儿童的自信心、责任感和荣誉感也是儿童个性形成重要方面。如果一直受到周围人肯定的积极的评价，往往会对自己产生一种满意感、自信感；而经常受到周围人否定的、消极的评价，就容易产生一种自卑感、孤独感。幼儿末期，儿童已形成一套行为习惯，个性倾向性和个性心理特征已初步形成。

童年期是培养学习品质和道德品质的关键期

儿童到了 6、7 岁，他们的生活环境发生了一次大变动，儿童要进入学校开始系统地接受正规的学校教育。一下子从备受家长和成人保护的幼儿成为独立完成学习任务，承担一定社会义务的小学生。儿童的社会地位变化、承受环境压力的变化，这一切都促进儿童心理品质产生质的飞跃。在学习过程中，教师虽起主导作用，但学生才是学习的主人。

小学阶段是打基础阶段，是培养学生的学习品质、养成良好道德品质的关键期。

少年期是自我意识发展的关键期

少年期（12～15 岁），是个体从童年期向青年期过渡时期，是半成熟、半幼稚，独立性和依存性并存交错时期。生理上的急剧变化和学习活动的变化，使少年期孩子的自我意识有新的觉醒，从一定意义上说，少年期是个体的"第二次诞生"。此时少年会意识到要客观地剖析自己；分析自己人格形成的原因；确定自己的发展方向并拟定自己的人生计划及奋斗目标。在少年自我意识发展的关键期，应尊重少年的独立性、自主性，充分调动少年学习的积极性和创造性，利用少年自我意识发展的有利条件，引导学生自己教育自己，也可以利用现实生活中和艺术作品中的优秀形象来教育少年学生，逐步促进他们的个性完善，帮助他们健康地实现人的社会化进程。

心理学研究表明：孩子成长是有关键期的。这些关键期的教育是离不开父母的帮助与引导的，而留守儿童的父母，有的在孩子的幼儿期，有的在孩子的童年期，有的在孩子的少年期就离开了家，远离了孩子。在这种情况下，孩子的智力发展，个性、道德品质、自我意识的形成可能就会受到影响，甚至会产生问题。

因此，在孩子成长的关键期，建议父母最好不要同时外出打工，留一位在家照顾孩子的生活与学习，特别是建议在孩子较小的时候，最好妈妈能留在家里照顾孩子。

二、父母外出打工时，要多与孩子联系

之所以强调与孩子勤联系，是因为远在家乡的孩子在生活中随时可能会遇到自己解决不了的问题，特别是心理上的困惑，如与同学发生冲突后如何处理？如何克服学习上的困难？等等。这些都是年迈的爷爷奶奶难以帮助解决的问题。爷爷奶奶由于精力所限，能保障孙子、孙女衣食住行就很辛苦了，所以他们很难再顾及孩子其他方面的问题。在这种情况下，父母远在千里之外的联系就是孩子生活与学习中的一帖非常重要的心理安慰剂、振奋剂，会给孩子日常平淡的生活带来一抹阳光，让孩子的生活有盼头、有依靠。

（一）远在异乡的父母，可以通过各种方式及时了解、关心孩子的心理需求与生活、学习上遇到的困难

与孩子快速沟通的方式有：打电话、写电子邮件、发短信、微信聊天或视频、

QQ 聊天或视频等。

与孩子联系的频次：至少每周 1～2 次。

与孩子联系的内容：日常生活方面（首先要关心孩子的安全和健康问题）、心理方面（要关心孩子精神方面的问题，如是否高兴、有无朋友等）、学校学习方面，等等。

（二）远在异乡的父母，可以通过给孩子邮寄生活用品、学习用品、体育用品、娱乐用品等，表达对孩子的爱

生活用品包括：四季换洗的衣服、手套、围巾、鞋袜等。

学习用品包括：书包、笔、本、文具盒、书签、课外图书等。

体育用品包括：羽毛球（拍）、乒乓球（拍）、篮球、足球、排球、跳绳等。

娱乐用品包括：口琴、葫芦丝、二胡等。

建议孩子及时把自己对生活用品、学习用品、体育用品、娱乐用品

生活用品

学习用品

娱乐用品

体育用品

等的需求告诉父母。当然自己对这些用品的需求也要考虑自己的家庭经济条件，量力而行。

（三）父母对孩子的关心应该是全方面的，不能只关心孩子是否吃饱了，考试考了多少分，更要关心孩子的心理需求

心理需求有很多层次，心理学家马斯洛总结过需要层次理论，其中除了生理需求以外，还包括安全、爱与归属、被人尊重、自我实现等心理需求。

三、每年创造条件与孩子相聚

心理学研究表明，人与人之间长期的不相见，会增加彼此的陌生感。留守儿童与父母见面次数越少，孩子就越可能会心情不好，主要表现为害怕、紧张、忧愁、心烦意乱。因此，父母应该创造条件与孩子相聚，可以将孩子接到自己打工的城市，或者自己不时返乡与孩子相聚。

建议每年应与孩子见面 2～3 次。

在相聚期间，父母可以试一试以下 6 种有效的交流方式，让你们与孩子的相处更融洽。

（一）交流时要用关心的眼神

父母在和孩子说话时，要用关心的眼神注视着他（她），注意观察他（她）的表情、行为，让他（她）有被重视的感觉。

（二）交流的内容要具体，注意语调与语气

父母和孩子说话的内容要具体，而且是说现在的事，不要翻旧账，多使用亲切、温柔的语气，这样更能吸引孩子来注意倾听。

（三）交流时要面带微笑

当孩子愿意说出自己的心事时，父母要面带微笑注意倾听，这样孩子才觉得父母对自己很关心、很重视。

（四）要随时发现孩子的优点

父母应该主动发现孩子的优点，及时给予鼓励。

（五）要学会适时适度地教育孩子

成长中的孩子难免有这样、那样的缺点，父母要善于在合适的时间及场合、

用适当的方法帮助他们改正缺点，但不能盯着孩子的缺点不放，更不要上纲上线。

（六）做个积极的倾听者

积极倾听孩子的声音，包括他们的喜悦、他们的烦恼，分享他们的快乐，分担他们的痛苦。

在相聚期间，也要让孩子学会有效的交流方式，积极回应父母的关心与爱护。比如：

» 积极、主动与父母交流自己的内心想法。

» 面带微笑，遇到问题乐观面对。

» 认真倾听父母的建议。

» 帮助父母干一些力所能及的家务活。

四、要培养孩子良好的情绪

父母要学会管理自己的情绪，要学会调节自己的情绪，这也是培养孩子的良好情绪的基础。为此，应注意以下 5 个问题。

（一）学会情绪管理

父母要学会管理自己的情绪，不要将自己的不良情绪带到家庭教育中。当遇到不顺心、不高兴的事情时，父母与孩子都要学会不良情绪的调节方法。

理智控制法——用理智驾驭自己的情绪，如当情绪冲动时，说话前把舌头在嘴里转个圈，在纸上写上"息怒"，提醒自己控制情绪。

合理宣泄法——找亲朋好友倾诉，坦诚交换意见。

转移环境法——离开引起愤怒的环境，作冷处理。

换位思考法——站在对方角度思考、发现对方的合理性。

加强个人修养——通过读书，提高自己的认识，提升自己的人生品位。

积极情绪与消极情绪

心理学把情绪分为积极情绪、消极情绪。

积极情绪表现为：与人交往时表现出热情，诚恳，可信和自信，常常理解、谅解别人的行为。

消极情绪表现为：与人交往时冷淡，不自信和自卑，常常猜疑，敌视和防范别人的行为。

积极的情绪是进行正常社会交往的基础。

（二）坚持平等与尊重原则

平等与尊重是现代文明社会父母教育孩子最根本的原则。

（三）不能采用棍棒教育

父母在和孩子交往中，不能采用棍棒教育，棍棒教育有百害无一利。打孩子只能宣泄家长自己的不良情绪，却会疏离父母与孩子之间的关系，给孩子造成早期心理创伤，造成心理上的不安全感，使孩子学习错误的解决问题的方式。

（四）不能溺爱

父母在和孩子交往中，不能溺爱孩子。所谓溺爱是指过于宠爱，由着孩子的性子，惯着孩子。主要表现为：给予孩子特殊待遇；轻易满足孩子的无理需求；对孩子所做的事情包办代替。

溺爱是一种失去理智、直接摧残儿童身心健康的爱。溺爱容易让孩子形成"唯我独尊"的不良心理。

（五）要注意培养孩子良好的情绪

父母要注意培养孩子良好的情绪，如积极、乐观、放松等。

培养孩子的良好情绪，对于父母来说是非常重要的，它是关系到孩子一生幸福的大问题。

实践证明，以下 6 种方式对培养孩子良好的情绪十分有效。

①父母教孩子学会调节情绪的方法，如：听音乐、听相声、听故事等。

②父母要鼓励孩子积极完成老师布置的作业。

③父母鼓励孩子阅读喜爱的课外读物。

④父母帮助孩子养成跑步、打球等体育锻炼的习惯。

⑤父母要引导孩子写日记。

⑥父母要教育孩子不去网吧与游戏厅。

小知识

教育孩子的七大法则

1. 保证孩子在健康的家庭环境中成长。

2. 不要与孩子斗强。

3. 倾听他们的声音。

4. 言传身教对孩子的榜样作用是巨大的。

5. 尊重孩子的看法，并尽量理解他们。

6. 教育孩子从小了解道德和法律的界限。

7. 任何时候都要了解孩子跟谁在一起，在什么地方、干什么、什么时候回家。

五、要主动与班主任进行沟通

父母外出期间与孩子的班主任建立联系，是了解孩子在校生活的重要途径。通过与班主任联系，就能基本了解孩子在学校的生活、学习、心理状况。上面案例中，如果小丽的父母能及时与班主任联系了解到孩子的状况，及时给孩子打个电话，也许能缓解孩子的思念和惧怕心理。

父母关心孩子在校表现方式有许多，经常采取的方式有：

①定期主动与学校老师联系，了解孩子的学习状况。

②倾听教师的教子建议，改进教子方法。

③鼓励孩子培养业余爱好，积极参加学校组织的课余生活。

④鼓励孩子多与同学交往，形成良好的人际关系。

另外，父母还要重视孩子的人际关系问题，因为，这是孩子今后走上社会，必须要面对的问题。所以父母要帮助孩子形成良好的人际关系。一般而言，父母可以采取以下 7 个策略。

①鼓励孩子反省自己。

②鼓励孩子尊重别人。

③鼓励孩子自尊自爱。

④鼓励孩子坦诚大方。

⑤鼓励孩子友爱互助。

⑥鼓励孩子主动热情。

⑦鼓励孩子学会交流。

同时，家长还应该提醒孩子在形成良好人际关系时，要注意克服以下 7 个心理问题。

① 自卑心理：和别人交往时，觉得自己处处不如别人。

② 自傲心理：和别人交往时，觉得自己处处比别人强。

③ 嫉妒心理：和别人交往时，对别人的成绩或长处不服气。

④ 封闭心理：和别人交往时，不轻易讲自己的事情。

⑤ 多疑心理：和别人交往时，不信任别人，怀疑别人。

⑥ 功利心理：和别人交往时，目的性过强，有求于人时才来往。

⑦ 羞怯心理：和别人交往时，过于害羞、胆怯。

六、鼓励孩子向学校老师敞开心扉，向老师倾诉烦恼，寻求帮助

孩子向学校老师敞开心扉的方式包括：写信、打电话、微信、面谈等。

父母读给孩子听

不论你在校内，还是在校外，不论爸爸妈妈是否在你身边，你都要与其他人交往。你每天既会遇到高兴的事情，也会遇到不满意甚至很生气的事情。面对这一切，你会怎么办呢？一是要努力做一个有礼貌、讲道理的孩子，二是要调节好自己的情绪。下面，爸爸妈妈就如何与人交往和调节好自己的情绪，给你讲几个具体做法。

一、与人交往的妙招

要想做到谈吐受别人欢迎，最重要的是使用好礼貌用语：请、您、您好、谢谢、对不起、没关系、再见。

>> 尊称（敬称）：对长辈、友人或初识者称"您"；对师长、社会工作人员要称呼职务或"老师"、"师傅"、"同志"、"叔叔"、"阿姨"等，不直呼姓名。

>> 对他人提出要求时说"请"；与人打招呼时说："您好"；与人分手

时说"再见"；给人添麻烦时说"对不起"；别人向自己致歉时回答说"没关系"；受到别人帮助表示感谢时说"谢谢"。

微笑、握手、招手、鼓掌、右行礼让是良好的体态语言。

>> 微笑：是对他人表示友好的表情，不露牙齿、嘴角微微上翘。

>> 握手：与人见面或离别时最常用的礼节，也是向人表示感谢、慰问、祝贺或鼓励时的礼节。

>> 招手：公共场合远距离遇到相识的人或送别离去的客人，举手打招呼并点头致意。招手时手臂微屈，手掌伸开摆动。

>> 鼓掌：表示喜悦、欢迎、感激的礼节。双手手掌有节奏地相击，鼓掌要适时适度。

>> 右行礼让：在校园、上下楼梯、楼道或街道上行走时，靠右侧行进。遇到师长、客人、老幼、孕妇、残疾人进出房门时，主动开门侧立，让他们先行。

二、情绪调节的有效方法

1. 表情调节。有研究发现，愤怒和快乐的脸部肌肉动作会使个体产生相应的情绪体验，愤怒的表情可以带来愤怒的情绪体验，所以当我们烦恼时，用微笑来调节自己的情绪可能是个很好的选择。

2. 人际调节。人与动物的区别在于人的社会属性。当情绪不好时，人可以向周围的人求助，与朋友聊天、娱乐可以使你暂时忘记烦恼，而与曾经有过共同愉快经历的人相处则能引起你当时愉快的感觉。

3. 环境调节。美丽的风景使人心情愉悦。当情绪不好时可以选择一个环

境优美的地方，心情自然而然会得到放松。还可以去那些曾经让你开心的地方，记忆会促使你想起愉快的事情。

4. 认知调节。人之所以有情绪，是因为我们对事情做出了不同的解释，对于一件事情不同的人观点不同，产生的情绪反应也不同。比如说在为了某件事烦躁时，可以从另外一个角度看问题，改变我们看问题的方式。

5. 暂时搁置问题。如果有些引起情绪的问题我们既不能改变自己的观点又不能解决，就可以选择先暂时避开问题，不去想它，待情绪稳定时，再去解决问题。

亲子互动话题

1. 你有好朋友吗？他们都是谁？都有哪些兴趣爱好？你可以请好朋友来家里做客。

2. 你目前有什么渴望做的事？未来有什么打算？如何将未来的目标付诸行动？

重要的建议

1. 父母在孩子较小时尽可能不要同时外出打工。

2. 父母外出期间多与孩子联系，表达对孩子的关心。

3. 父母要学会培养孩子乐观、放松等积极情绪。

品德高尚最美丽

两个留守儿童家庭的悲剧

2015年6月初，湖南衡阳一名12岁的女孩小雯（化名）因与同学结怨，用掺杂了毒鼠强的可乐将同学——一对姐妹小霞、小林（均为化名）毒死。

在这起案件中，死去的、下毒的，都是留守儿童。

12岁，孩子正处在爱打闹、爱玩笑的年纪。一起放学回家的路上，三个孩子小矛盾很多。吵闹打架了，小霞和小林会回家告诉母亲。患有智障的母亲数次去小雯家絮絮叨叨告状。小雯因此遭到爷爷奶奶责骂，埋下了祸根。

小霞姐妹的数次"告状"让小雯心里的仇恨逐渐加深。"心里觉得不舒服，就想买老鼠药给她们吃。"小雯对警方供述。就这样，一场两个留守儿童家庭的悲剧发生了。

写给父母的话

　　小雯、小霞和小林三个学生的悲剧是留守儿童道德品质问题的一个缩影。调查资料显示，义务教育阶段中的留守儿童 38.09% 行为表现好，43.97% 行为表现较好，14.95% 存在违纪行为，0.15% 存在违法行为。根据共青团中央的统计，全国大约有 5800 万留守儿童，占全国农村儿童的 20%，这一比例在四川、重庆、安徽、河南等地会更高些，达到 50% 甚至 70%。按这个比例计算，有违法行为的留守儿童的人数是惊人的。

　　人们常说：父母是孩子的第一任老师。家庭教育在孩子的整个教育中起着举足轻重的作用，对于成长中的孩子来说，他们需要的是家庭的温暖、亲情的呵护、困惑的倾诉等。但对于留守儿童而言，由于父母双方或一方离开家庭，他们在家庭中难以获得来自父母稳定、有效的道德教育，而受托监护人的道德教育在内容与方法上往往会呈现出随意性、简单性等特点，家庭道德教育的基础性作用也就难以发挥，由此，留守儿童在思想道德、心理健康等方面易出现各种问题。

　　是什么原因造成小雯的悲剧发生呢？小雯存在的道德问题又有哪些因素起主导作用呢？

一、父母的道德示范教育缺失

　　儿童往往依靠观察学习他人的行为及结果来掌握一些行为模式。因此，家长的榜样示范作用显得极为重要，儿童最初形成的道德观念往往是受父母的影响而产生的。然而，留守儿童在其成长的关键时期，缺少父母这样的直接模仿对象，难以通过观察、模仿父母的道德行为养成相应的道德观念，塑造自己的道德行为。

隔代抚养值得注意的问题

小知识

隔代抚养是外出打工父母不得不选择的方式。老人如果身体健康、具有一定文化，对孩子而言是幸福的。但是有一部分老人，体弱多病，思想观念陈旧，就容易形成溺爱，造成孩子与父母的感情隔阂，影响孩子的个性发展。

由于祖孙两辈之间的文化背景、认知结构和思维方式相差悬殊，因此对很多问题的认识和看法出现很大分歧，相互之间很容易产生心理摩擦和人格冲突，甚至导致部分农村留守儿童情愿留宿校外，也不愿意回家或上学，以逃避家长，躲避老师，并由此产生强烈的厌学情绪。

在这种情况下，错误的思想和不良社会风气必然乘虚而入，从而使正在成长中的农村留守儿童迷失自我，误入歧途，甚至最终走上违法犯罪的道路。许多祖辈家长不顾时代已发生了很大的变化，仍用老观点老思想要求孩子，教给孩子过多的老经验，缺乏开创性精神和发散性思维的培养。还有一些祖辈家长因文化低、思想旧，无意识地给孩子传授不少封建迷信的东西，无形中也增加了孩子接受新思想、新知识的难度。

调查研究显示，中国有 60% 以上的失足少年与隔代教育有关，有不少问题少年从小都是由祖辈带大的，而当前研究青少年网络成瘾综合征的结论也显示，隔代教育的家庭中，失足少年呈高发状态。

二、受托监护人的道德教育弱化

爷爷奶奶或者其他亲友作为受托监护人，难以对留守儿童开展有效的道德教育。他们大多以保障留守儿童基本生活和安全为责任，往往忽视道德教育。而且爷爷奶奶等"隔代"受托监护人，由于他们年龄较大，家庭负担很重，因此在道德教育中往往存在重物质轻精神、重管养轻教育的倾向。

三、父母对儿童道德品质教育的忽视

在家庭教育中，父母对子女提出要求并承担相应的责任，是家庭教育获得成功的重要条件。而留守儿童的父母因自己常年在外，在儿童教育上产生了"心有余而力不足"的思想，对儿童不闻不问或过问太少，由此产生的内心愧疚又往往简单地通过物质方式弥补，反而更加剧了对儿童道德观念培养的消极影响。

成绩好就行，别的我不管！

四、学校教育难以顾及每个学生

随着校园内留守儿童人数的增多，学校对这个群体的情况也越来越关注。但在调查中发现，对留守儿童的教育还存在一定的不足。一是留守儿童的父母长期在外，学校教师与家长的沟通难度较大，有时半年甚至一年难见留守儿童父母一面，很难反映孩子在学校的真实表现和存在的问题，难以实现家庭和学校共同教育的目的。二是外出打工人员对孩子的教育过于依赖学校教育，但学校教育由于学生多，教学任务重，教师心有余而力不足，难以顾及留守儿童的心理。三是学校对留守儿童的教育和管理缺乏有效的措施，很难在学习上、生活上给留守儿童更多的关心和爱护，不能有针对性地给留守儿童提供良好的学习环境和教育环境。

五、孩子年龄小，难以明辨是非，容易误入歧途

许多走上违法犯罪道路的未成年人，往往都是因为不能明辨是非，缺乏自我保护和自我防范意识，交友不谨慎，很容易与品行不端的社会闲散人员来往，加上学校和家庭等方面的教育和监管不力，对错误思想和不良行为一味放纵，才最终滑向犯罪的泥潭。2000 年以来，全国各级人民法院判决生效的未成年人犯罪人数平均每年上升 13% 左右，而其中的"留守儿童"违法犯罪问题已经成为中国未成年人违法犯罪中一个不容忽视的现象。

六、社会不良风气对孩子的影响

社会上的一些不良风气严重影响留守儿童的成长，有的留守儿童讲哥们儿义气，拉帮结派，不讲法律，不守公德，动辄打架滋事，导致留守儿童伤害他人或被他人伤害的安全事件时有发生。

为了培养孩子优良的道德品质，要加强对留守儿童积极向上、刻苦勤奋、理解感恩和自强自立等方面的培养，要通过家长、大人平时的一言一行、一举一动为孩子做好榜样。

小知识

留守儿童应具有的 4 个重要品质

一、积极向上品质所包括的两个核心元素——理想和热情

1. 理想

当你有理想时，你会真正关心生活中正确而有意义的事。你会追随正确的信念，不盲目接受现状，追求伟大的梦想，怀抱着梦想

可以成真的信念而积极行动。

2. 热情

热情是感到欢乐与幸福，而且精神饱满。热情是全心全意并满怀渴望地做事。当你有热情时，你的态度是积极的。热情是富有感染力的。

二、刻苦勤奋品质所包含的三个核心元素——优秀、勤奋和坚韧

1. 优秀

优秀是为达到崇高的目标而付出的努力，是对完美的追求。种子的完美在于开花结果，优秀者的天赋必将结出丰硕的果实。优秀是成功之匙。

2. 勤奋

勤奋是努力工作并尽全力做到最好，肯于付出，勤奋帮助你优秀、热情地完成任务，勤奋引领我们走向成功。

3. 坚韧

坚韧是坚定与坚持，不论多久多难你都能信守承诺并努力奋斗。当你坚韧时就不会放弃，你会勇往直前，像一艘坚固的船在暴风雨中航行，你不会被击倒或吹离航道，你只会乘风破浪。

三、理解感恩品质所包含的三个核心元素——理解、感恩和关心

1. 理解

理解是用心思考，仔细关注事物的意义所在。一颗理解的心会带给你洞察力及美妙的想法，一颗理解的心会让你感同身受。理解是思考、学习与关怀的力量。

2. 感恩

感恩是对我们所拥有的生活的感激。它是一种对学习、爱心和存在表示感激的态度，欣赏你身边发生的小事。感恩会带来满足感。

3. 关心

关心就是关爱并关注身边的人或事。当你关心别人时，你愿意

帮助他们。你细心地做事，全力以赴；你温柔、尊重地待人处事。关心使这个世界成为一个更有安全感的地方。

四、自强自立品质所包括的三个核心元素——自信心、实干、责任感

1. 自信心

自信心指主体对自己应对外部环境压力、挑战时所具有的积极、主动、进取的状态，面对困难和问题不退缩，相信自己能够克服各种困难。

2. 实干

事情是做出来的，有自强精神的人，一定会踏踏实实做人做事，一步一个脚印地前进，努力做最好的自己。

3. 责任感

责任感是主体对自己、亲人、社会和国家的主人翁意识，是个体的家国情怀和奉献精神，是现代公民精神的核心。

给家长的建议

"你如果和别人发生矛盾，你会怎么办？"这些问题来自一份问卷。贵州兴义民族师范学院李华玲、赵斌老师所做的《贵州民族地区农村留守儿童道德社会化调查报告》显示，当农村留守儿童和别人发生矛盾时，会针锋相对采取行动的孩子占到了 43.3%；还有三成多的孩子会找人帮忙助阵；表示能宽容和解、主动消除矛盾的儿童最少，仅有两成左右。

当留守儿童出现了道德品质问题之后，受影响的不仅仅是个人，更会是家庭，甚至是社会。湖南省岳阳籍女作家阮梅，历时近两年，深入看守所、未

成年人管教所等地，接触了 900 多个未成年人犯罪案例，最终选取了 11 个典型监狱少年的忏悔录整理成访谈录——《罪童泪》："我通过调查发现，走进少管所的孩子，80% 以上是留守儿童，90% 以上是留守儿童和离异家庭的孩子。"

小知识

临时监护人的素质至关重要

据全国妇联统计，全国留守儿童的人数约为 5800 万，其中 14 岁以下的留守儿童超过 4000 万。80% 以上的留守儿童是由祖父母隔代监护和亲友临时监护。留守儿童的道德品质与临时监护人有着密切的关系。

其实，并非所有的农村留守儿童都存在思想品德问题。有一部分农村留守儿童学习认真，成绩优秀，遵守校纪班规，对人有礼貌，善解人意，自觉性很强，表现出较强的自立能力和独立生活能力，乐观向上的生活态度和优良的思想品德，以及坚定的意志和健康的心理品质。

通过对这些学生的座谈和调查发现，这部分留守儿童的现有监护人都有较高的受教育程度和文化素养，监护科学有力，能够给予孩子良好的思想教育和心理指导。因此，家长在选择临时监护人时一定要慎重。如果临时监护人在日常生活中难以做到关心孩子的道德品质，那么，家长就要经常通过电话提醒临时监护人。

让孩子健康成长，最终成为对社会有用的人是每个父母的希望。但是当父母常年在外打工时，该如何做好孩子的品德教育？

一、尽量留下至少一方看护子女

父母外出打工要三思而后行，多考虑考虑孩子，孩子的前途比金钱重要。

如果家庭经济确实困难，可让文化程度稍高的一方留在家中监护子女，一般以母亲为主，母亲心细，有耐心，孩子更愿意与她交流。父母都外出务工的，如果条件允许，可创造条件让孩子在打工地接受教育。如果父母双方都外出务工，尽可能每年多安排回家时间，与孩子进行面对面的交流与陪伴。

二、杜绝单纯的物质奖励方式

对留守儿童来讲，单纯的物质奖励容易使他们产生"拜金主义"的不良思想。作为父母，应杜绝以"物质"代替"情感"的家庭教育方式，要在进行亲情教育的基础上加之适当的物质激励，从根源上阻断不良道德因素的负面影响，促进子女健康成长。

三、改变家庭监管方式

父母可以将孩子交给文化水平、道德品质、行为习惯较好的亲戚或家人监管，弥补家庭榜样教育的不足。家庭是孩子的第一课堂，综合素质高的家庭监护人能对留守儿童思想品德的形成和发展起模范和榜样作用，使留守儿童的道德朝良性方向发展，使家庭教育在儿童道德发展中发挥应有的作用。

四、重视子女日常道德品质的养成

父母要经常与孩子沟通，家庭教育的权威性决定了家庭教育比学校教育效果更佳。因此，家长在与子女的沟通过程中，要注意孩子思想情感变化以及在生活和学习中，遇到的困惑和情感反应，并对其进行正确的疏导。在此基础上，进行道德品质教育的渗透，让孩子在日常生活中养成良好的道德品质。

五、定期"温馨对话"

在外打工的父母，一定要及时了解子女的近况，一方面利用书信或电话定期与孩子进行交流沟通，让孩子感到父母的关爱，家庭的温暖；另一方面向老师和临时监护人及时了解孩子学习生活等各方面的情况。当与临时监护人打电话时，除了询问孩子的身体、学习外，还必须询问其道德发展情况，例如是否孝敬长辈、是否诚实、与同学间关系是否融洽等。

六、父母从诚信做起

父母是孩子的榜样。作为父母，首先要做到自己诚实守信。父母答应孩子的事没有做，就是不诚信，尽管有时候是一些芝麻小事，但这是一个教育问题。作为留守儿童的监护人，父母要让孩子从小养成诚信的美德。如果答应孩子的一些要求，一般应尽力满足。如果因为情况突变，实在满足不了，一定要和孩子讲清楚原因，求得孩子理解。对于一些触碰底线的事情，父母要坚决反对，以自身的诚信、正直给孩子做榜样。

小知识

遇到这些情况，怎么办？

1. 我们怀疑孩子说谎时，怎么办？

千万不要当面表现出对孩子的不信任，要通过多方调查，证实孩子确实在说谎，再进行交流沟通指导。

2. 当孩子与其他孩子发生纠纷时，怎么办？

要教育孩子主动承担责任，做一个诚实守信的人，千万不要支持孩子说谎，推卸责任。让孩子懂得"退一步海阔天空"的道理，学会以和为贵。适当的时候可以寻求老师的帮助。

3. 当孩子与我们对着干时，怎么办？

我们要充分冷静，等双方都冷静后，再像朋友一样与孩子亲切交谈沟通。如果是孩子错了，指出孩子的错误，并说："孩子，跌倒了再爬起来，知错能改，就是好样的。"如果是自己错了，则要承认自己的错误，向孩子道歉。

4. 当孩子缺乏自信的时候，怎么办？

我们要热情鼓励并告诉他（她）："孩子，把头抬起来，我相信你能行！"

5. 当孩子受到委屈的时候，怎么办？

我们可以帮他（她）擦去眼泪，并安慰他（她）说："孩子，没有关系，任何人都会受到委屈的，我相信你最坚强，以后别人会理解你的。"

父母读给孩子听

虽然爸爸妈妈不在你的身边，但是你还是要做一个好孩子。其实在我们身边有很多像你们这么大的孩子，做了让爸爸妈妈感到自豪的事情。下面讲两个故事。

故事一：

做一个拾金不昧的好孩子

2015 年 1 月 16 日下午 5 点左右，湖南省嘉禾县珠泉完小三年级的唐子杰、肖义轩、李金翰放学后结伴回家。"马上就要放寒假和过春节了，子杰、小轩你们的新年愿望是什么呀?"李金翰询问其他两个小伙伴。3个人一边走着,一边聊着新年愿望。突然肖义轩停下脚步,用手指着银行门口的一沓东西询问唐子杰和李金翰,这是什么。3个人走近一看,发现那捆厚厚的、红红的东西竟然是一沓百元大钞。

"这么多的钱,失主丢了一定会很着急,老师经常教育我们要做个拾金不昧的好孩子,要不我们把钱交给警察叔叔吧。"当天,嘉禾警方通过110报警平台,找到了失主胡先生,并将钱款如数还给了他。

8岁的唐子杰是1名农村留守儿童,家里生活非常清苦,爸爸妈妈为了生计长年在广东打工,从读小学一年级开始,他就由爷爷奶奶在城区出租房中带养。唐子杰害羞地说:"我家里虽然很穷,但是爸爸妈妈从小就教育我,别人的东西不能要,而且老师也经常教育我们,要我们做个拾金不昧的好孩子。"唐子杰他们3个人拾金不昧的精神得到了失主的赞扬,更得到了社会各界的认可。你也要向唐子杰、肖义轩、李金翰学习,做一个拾金不昧的好孩子。

故事二:

快乐成长好少年——留守儿童照样可以拥有幸福的童年

赵鑫同学是某城关镇中心小学六(1)班学生,担任班长、少先队中队长。由于家庭经济困难,父母常年在外务工,她从三年级开始就跟随奶奶生活,是一名留守儿童;但她生活自立自强,学习勤奋上进,待人文明礼貌,深得师生们好评。

乐观
上进

1. 积极进取，品学兼优

她理解父母常年在外务工的辛劳，为了不让父母分心，她在各方面都严格要求自己，是个懂事的好孩子。她从三年级开始独自面对生活的困难和压力。记得刚开始时，她也不能完全适应这样的留守生活，也曾觉得沮丧，一段时间她情绪低沉，不爱与人说话，学习动力也不足。后来通过老师同学的帮助，她很快地融入集体，在和同学的交往中找到友谊，找到自信，成为大家的好伙伴。

2. 自强不息，努力奋进

3年的留守生活让她变得更加坚强，更加能干。在班级里，她是一名班长，工作特别认真负责，每天早上收作业、检查作业都特别仔细认真。谁的学习有了困难，她就满腔热情地进行帮助。她还非常关心班级，当她发现班级卫生不好时，便会带头打扫，起到了模范带头作用。除了关心同学、爱护班级外，她还是班里学习的带头人。课上，她认真听讲，积极发言；课后，她及时复习巩固，并且能够提前预习下一篇课文，有良好的学习习惯。

另外，她还是一名住宿生，并在留守儿童成长中心担任舍长，协助老师完成成长中心的各项工作，在多次内务整理比赛中都获得了"优秀住宿生"的称号。

周末回到家，她自己洗衣服做饭，喂鸡喂鸭，还能照顾年迈的奶奶。家里缺少什么生活用品，她就从几里外的镇上肩扛手拿买回家。东西重，年纪又小，她提起来很吃力，走在路上遇到认识的叔叔阿姨帮她提东西，她都是很有礼貌地道谢。回到家奶奶心疼她，她却微笑着说："奶奶，我没事，我能行！"

3. 兴趣广泛，快乐成长

谁说留守的生活一定是暗淡无光的呢？留守儿童赵鑫同学就把她自己的生活安排得井井有条，使自己的留守生活充满了阳光。她平时最大的爱好就是阅读、画画、学唱流行歌曲。在成长中心的"快乐阅读"活动中，她的读书笔记做得最工整，日记写得最优美。在学校的文艺活动中，她为大家表演独唱，和小伙伴们跳健美操，表现非常出色，被老师同学称为快乐的"小百灵"。

赵鑫同学在几年的留守生活中，不断进步，自信快乐地成长着。她在一次以感恩为主题的活动中，写下这样一句话："长大了，我也要成为一个有力量的人，用自己的力量爱家人、爱别人、爱社会……"是啊，她的成长经历让我们看到了：一株小苗正在党和政府及社会各界好心人士的关怀下快乐地成长。我们相信她未来的路一定会走得更好。

听了这些故事，我们看到在留守儿童中，有许多孩子是很优秀的。有像唐子杰、肖义轩、李金翰同学那样拾金不昧的好少年，也有像赵鑫同学那样自强不息的好孩子。特别是赵鑫同学在其父母外出打工的初期，也曾经出现过情绪低落、消沉的情况。通过学校老师、同学，特别是班主任的热情帮助，赵鑫同学克服了父母不在身边的情感缺失问题，恢复了积极向上的态度。班集体的爱，温暖了这颗曾经有些冷却的心。其实，在我们身边还有很多这样的好榜样，我们一定要向他们学习啊！

亲子互动话题

1. 孩子，你有喜欢的英雄吗？为什么喜欢他（她）呢？
2. 如果同学欺骗了你，你会怎么做？

重要的建议

1. 杜绝单纯的物质奖励方式。应在进行亲情教育的基础上加之适当的物质激励。

2. 定期"温馨对话"。要及时了解子女的近况，除了询问孩子的身体、学习外，更要多方了解其心理、道德品质情况。

3. 父母是孩子的榜样。作为父母，首先要做到自己诚实守信，以自身的诚信给孩子做榜样。

第五篇

快乐科学来学习

小辉的成绩一落千丈

小辉 11 岁了，父母外出打工，留他一个人和爷爷生活在一起。他的班主任告诉我们，自从他的父母外出打工后，他的成绩急剧下滑。

曾经的小辉，学习成绩优异，多次获奖。但是好景不长，为了家里能尽早盖起新房，小辉的父母去了广东，加入到了打工大军的队伍中，留下小辉与爷爷一起生活。失去了父母的陪伴，小辉顿感失落，没有人关心自己的学习。即便取得了好成绩，也无法看到父母脸上欣喜的笑容，没有人能分享他成功的喜悦。特别是感到委屈时，他不知如何去化解。渐渐地，在孤单乏味的生活中，他开始关注学校以外的世界，哪儿热闹，就奔向哪儿，似乎那些热闹能够使他暂时忘掉自己的孤单，而学校老师布置的作业，则在小辉越来越浮躁的心中，逐渐消失得无影无踪……

写给父母的话

小辉的这个个案非常典型，由于父母的外出，孩子失去了有力的监护和帮助，由学习成绩优秀的孩子，逐渐变成了上课有时不认真听讲，下课经常完不成作业的孩子，致使学习成绩很快下滑。为什么父母外出会对孩子的学习造成如此显著的影响呢？

一、学习上的成功没有父母的分享，使孩子失去了继续学习的动力

小辉曾经是个优秀的孩子，由于父母外出打工，即使取得了优异的成绩，也看不到家长赞许的目光。研究表明，年龄越小的学生，对自身成就获得外部赞许的渴望就越高。多数小学生努力学习，取得好成绩，是为了获得外部的赞扬。因此，迫切需要得到表扬和鼓励，符合小辉心理发展的特点。家长或教师给予这种外部的表扬和鼓励，对于小学生来说，效果很好。特别是曾经尝到过赞许的小辉，在父母外出后，失去了这些，心理上的满足感、自我成就感降低，依据马斯洛的需要层次学说，当爱和自尊的需要得不到满足，就难以激发学生继续努力学习，获得认识和取得成就的动力。

二、孩子的学习缺少了家长的监护，没人督促他们按时完成作业，由此形成了不良的学习习惯

由于小学生的年龄小，自我控制能力低，他们的学习是需要家长关注和督促的。例如，在做作业的过程中，需要家长的监护。哪怕家长的"作业写

完了吗"的一句话，都可以激起孩子学习的积极性，促使孩子努力完成老师布置的作业，久而久之，他们就可以形成良好的学习习惯。从上述的案例中，我们看到当小辉的父母外出打工后，爷爷没有精力过问他的学习，致使小辉失去了来自家长的关注。作业写完了，没有人对他给予鼓励；作业做不完，也不会受到家长的批评。久而久之，他对自己的要求越来越低，逐渐形成了不良的学习习惯。

三、老人—儿童的家庭结构，使留守儿童的学习缺乏有效的指导

　　留守儿童家庭结构，缺少了父辈，一般都是以老人和孩子为主要结构模式。这种家庭结构，常常出现"老人或者因溺爱教导不当，或者又因为自己的身体状况不好、文化程度较低而指导不了孩子"的问题。由于在留守儿童的家庭教育中缺少父辈对子女的指导，所以孩子在学习过程中遇到困难时，没有人去关心他们；孩子在学习方法上有些迷惑时，没有人能够给予指点，帮助他们解决问题。这样长期下去，容易导致孩子对学习感到困惑，失去学习兴趣。小辉之所以在父母亲外出打工后成绩下降，也有这个原因。更何况由于小辉的爷爷年迈且身体不好，不仅不能教育小辉，甚至在生活上还需要小辉照顾他，

因此小辉不仅在学习上处于一种无人过问的状态，生活上也处于没有人关心的境地。

四、孤单乏味的家庭生活，促使孩子寻找外界的刺激和快乐

在留守儿童的家庭里，由于父母外出打工，从家庭环境来看，不仅反映在家庭成员减少了，更重要的是家庭氛围也发生了变化。曾经，一家人在一起交流的快乐时光消失了。孩子回到家里后，或者是像小辉这样面对着年迈的爷爷，无法沟通；或者家里冷冷清清。这种孤单、乏味的家庭生活，使孩子放学后，不愿意回到这样的环境中。他们好动的天性，促使他们到外面的世界去寻找温暖和乐趣。长此下去，放飞出去的心难以收回，更难以回到学习上来。曾经安静的心，被外界刺激填满，他们再也无暇、甚至不愿意学习和完成作业。

给家长的建议

一、发现孩子的优点，及时表扬孩子

小红刚上学，但她觉得上学后玩的时间少了不自由，虽然认真学习，但她不是很喜欢上学。在班上，小红的字写得很好，经常受到老师表扬，成绩很好，妈妈也经常鼓励小红。逐渐的，小红找到了学习的乐趣，喜欢上了学校，喜欢上了学习。

很多孩子不喜欢学习，一个很大的原因是没有学习的兴趣。学习兴趣是逐步培养起来的。小红之所以喜欢学习，是因为老师对她进行了表扬，妈妈也对她进行了表扬，这让小红感觉到学习的乐趣。因此，发现孩子的长处，及时表扬孩子，是激发孩子，特别是小学生学习兴趣的重要方法。

对孩子表扬，不一定是得了 100 分，其实表扬随时都可以进行，下面一些表扬的做法，建议父母可以试一试。

1. 表扬孩子的进步。虽然孩子有时候考试不理想，但是如果这次考试比上次考试成绩有进步，家长也要及时给予表扬。

2. 表扬孩子的努力。有时候，孩子非常努力，可是成绩不一定理想，这时候千万不能批评，而是要表扬孩子的努力。比如，家长可以说，你每天做了那么多的练习，已经尽力了，这次成绩不好，可能是因为题太难了，也可能你练习过的，这次没考。不过没关系，只要我们努力学习了，成绩会逐步提升的。

3. 在亲戚朋友面前表扬孩子。公开表扬对孩子的影响更大。比如亲戚朋友来了，家长可以对朋友说起孩子的进步、优点。说到学习，可以突出表扬学习的进步，特别是对学习成绩差的孩子，不要说在班里的成绩排名，而要说孩子的努力和进步，对于孩子比较好的学科可以突出表扬。比如，可以表扬孩子的字写得漂亮，体育素质好，有音乐天赋，有美术特长；等等。也可以告诉孩子老师打来电话表扬孩子了等，这样，让孩子感到高兴，树立起自信心。

二、营造良好的学习环境

第一，给孩子买一个独立的书桌。这个书桌是孩子固定学习的地方，孩子放学回家，在书桌前看书、写作业。孩子一坐到书桌前，心自然就安静下来，这样才能专注地学习。

第二，给孩子购买一些图书。图书的类型可以与孩子讨论，看看孩子喜欢阅读哪些类型的书，也可以给孩子在您打工的城市书店里购买一些书，既可以是故事书、科技书，也可以是学习资料。把这些书放置在书桌旁边，营造书香氛围。

第三，鼓励孩子结交喜欢学习的小伙伴。同伴的影响力非常大，尤其是青春期的孩子，有些事情可能不愿意与父母老师讲，但可以与小伙伴一起聊天。一个喜欢学习的孩子，会影响周围的其他孩子。如果您的孩子有这样的同伴，您就多鼓励他们进行交往，比如一起写作业，一起玩耍，有什么难题，可以向同学请教，互相帮助。

第四，经常与孩子进行交流。建议您至少每星期给孩子打一次电话，聊聊天。可以聊的话题很多，虽然学习是您最关心的，但是不一定直接聊做作业、考试成绩等内容。建议多聊一些孩子感兴趣的话题，比如，这星期你在学校过得怎么样？有什么高兴的事情吗？有什么有趣的事情吗？在学校跟谁玩啊？下课后都玩什么呢？最喜欢哪个老师？哪个老师讲课你们爱听？你们和老师在一起玩吗？您也可以给孩子讲一讲您小时候上学的事情。

有一些话题，建议您打电话不要经常聊：如，你的学习成绩在班里是第几啊？考试及格了吗？作业写完了吗？按时交作业了吗？你的成绩怎么不如某某同学好呢？你是不是不努力啊？……这些话题，都是比较敏感的，孩子如果主动给您汇报考试成绩，您可以聊，抓住时机表扬孩子。如果孩子对自己的成绩不想说，建议家长不要追问。

第五，建议您每个月与孩子的班主任、任课教师打一次电话。您不在家，孩子在学校是如何表现的，有什么样的特点，学习程度如何，都需要与教师进行沟通。通过与教师的交流，您可以了解孩子在学校的表现。老师是希望和留守儿童家长取得联系的，通过沟通，老师也可以了解孩子的一些想法、在家的生活习惯和表现，与家长形成教育的合力，促进孩子的健康成长。

三、加强正面引导，培养良好学习习惯

良好的学习习惯包括：课前自主预习、上课积极参与、课后及时复习、认真完成作业、养成课外阅读习惯等。良好学习习惯的培养，一方面取决于

学生的自主努力；另一方面，也需要成人的监督和指导。父母在家时，可以对孩子进行督促，使孩子放学回家后能够按时完成作业，有的学生还养成了课前预习的学习习惯。然而，一旦父母外出务工，没有父母的督促，孩子就会陷入自由散漫的状态，外部世界的喧嚣、电视画面的热闹，都会成为影响孩子学习习惯建立的障碍。

小知识

学习习惯的形成

学习习惯是一种自动化的学习行为。学习习惯的形成是一个长期复杂的过程，这一过程主要表现为：学习习惯的形成过程是由外部支配到内部控制的过程，先有外部教师和家长的要求，然后，随着年级的增长，转变成学生自己内部的动力；是由简单到复杂的过程；是由不稳定到稳定的过程；是好习惯与坏习惯不断斗争的过程。

那么，如何培养孩子的学习习惯呢？

（一）建立良好的亲子关系

在学生学习习惯的养成过程中，建立良好的亲子关系是帮助孩子建立良好习惯的重要保证。当家长与孩子具有亲密的关系时，孩子愿意与家长交流，家长所讲的一些大道理孩子才愿意听。与孩子在一起时，尽量多聊一些有趣的话题，比如，孩子喜欢听的流行歌曲、爱看的体育比赛，学校发生了哪些趣事；等等。在聊天的过程中，减少说教，避免批评。把与孩子聊天的过程当做一个情感交流的过程，而不是说教的过程。

例如下面两段对话，不同的聊天方式，效果不同。长期进行这样的交流，家长与孩子的关系会截然不同。

对话一：

孩子：妈妈，我今天特别累！

妈妈：又没干体力活，怎么可能累，快去写作业！

孩子：不，我就是累，我得歇会儿，我先看会儿电视。

妈妈：不行，写完作业再看电视！

孩子：就不！我累！（孩子赌气地打开电视）

妈妈：……（一脸怒气）

对话二：

孩子：妈妈，我今天特别累！（这是孩子在表达自己的感受）

妈妈：是吗？学习了一天，可能精力消耗了很多。我上了一天班，有时也特别累！（妈妈接受了孩子的感受）你先休息 10 分钟，吃点儿东西，补充补充能量，（指出了休息的时间，休息的方式——吃东西）然后再写作业，好吗？（最后提出了要求）

孩子：好的。

（二）给孩子更多的时间

孩子养成良好的学习习惯需要经历一段时间，而改正坏习惯，则需要更长的时间。家长要了解学习习惯形成的规律，给予孩子更多的时间。在这个过程中，允许孩子在改正坏习惯中出现反复，允许他（她）进步很慢，甚至停滞一段时间，应不断给予鼓励，而不是批评。

比如，有的孩子回到家就先写作业，然后再玩。但是当孩子明确感觉很累的时候，也可以让孩子先休息一会儿。孩子精力充沛后，再写作业。当孩子下次能先做作业后玩的时候，要给孩子奖励和表扬，强化这种良好的学习习惯。

（三）孩子在较低年级时，父母尽量避免全部外出

尽管改善家庭经济条件是很重要的，但是孩子是一个家庭的未来，孩子的前途是家庭的前途。在孩子刚刚入学的阶段，建议父母留一人在家陪伴孩子。因为这个时候的孩子，还没有形成稳定的学习习惯。儿童良好学习习惯的培养越早越好，低年级儿童模仿性很强，容易受到外界的暗示，可塑性大，这时良好学习习惯培养最容易。我们建议等孩子升入到三、四年级，养成了良好的学习习惯，父母再一起外出打工。

（四）通过电话、网络多与孩子交流学习近况

家长对孩子的学习重视，孩子就会重视自己的学习。下面有一个例子，可以说明这个道理。

小明与小强在一个班，最初，两人学习成绩都很优秀。不同的是，小明的爸爸非常重视孩子的学习，在他眼里，孩子第一重要的是身体，第二就是学习。尽管家里农活很多，小明爸爸给小明留出更多的时间，在家里看书、写作业，有空余时间了，才让他帮家里干活。而隔壁小强的爸爸却不太重视孩子的学习，放学后，他就让小强帮着做家务、去地里帮着干活，作业写完没有，他问也不问。几年下来，小明的学习成绩超过小强很多。

这个例子说明，家长对学习的重视，影响孩子对学习重要性的认识。当孩子也意识到，学习是他（她）最重要的事情时，他（她）会投入很多的精力并付出百分之百的努力，当家里没有更多的事情让他（她）分心时，他（她）学习就会更加专注。最终孩子就能发展得更好。因此，建议父母，打电话时，多与孩子交流学习情况，多问问孩子有什么困难，帮着孩子解决问题。

四、教给孩子一些有效的学习方法

学习方法有很多，主要介绍以下几种。

（一）帮助孩子制订学习计划

如果过年回家，建议父母与孩子一起制订一个新学年的学习计划。按照

计划学习时，建议给孩子准备一个小本子，让孩子记录老师布置的作业，记录一些今天需要做的事情。把每天计划内要完成的事情按顺序写在小本子上，完成一项，划掉一项。

下面是小辉记录的 5 项作业：

（1）语文：朗读课文；√

（2）英语：背诵课文第一段；√

（3）数学：做课后练习题；√

（4）捡 10 片树叶，并进行观察；√

（5）练习跳绳。√

小辉每完成一项任务，就用笔勾掉一项。这样，孩子每天的学习任务就变得有计划，还能保证不拖拉、不磨蹭，学习效率随之提高。

做计划要把娱乐、休息也列入其中。在学习计划里，不仅要有对学习的安排，也应有对休息时间的安排，比如，一天看多长时间的电视、什么时间看、看哪些节目；每天玩多长时间、玩什么游戏；周末玩多久、玩什么；等等。玩的项目在计划里了，孩子就不会在学习的时候还总惦记着玩。

（二）告诉孩子养成预习的习惯

课前预习的作用在于，对所学的内容有心理准备，哪儿比较难，需要认真听讲，这样听课的效果就会较好。预习的时候，让孩子学着写自学笔记，主要把教材中不懂的问题和词语用笔记下来，或在课本上做上记号，为接受新知识做好思想上的准备。也可以结合课前自学，做一些自选的练习，以巩固自学的内容。如简单的练习题、生字词的解释、英语单词的抄写等。

（三）告诉孩子要养成专心听讲、爱问问题的好习惯

预习了以后，孩子就可以带着预习中弄不懂的问题，有目的地认真听讲。

听讲的时候，告诉孩子要保持高度集中的注意力，力争把当堂课的学习内容当堂消化。另一方面，为了能认真听讲，可以一边听，一边记笔记，将一些重点内容、概念与法则、教师补充的内容以及有疑问的地方等记在书上或者笔记本上，便于课后翻阅；对于不懂的地方，要标记出来，及时请教老师和同学。

（四）告诉孩子重视课后复习

　　复习是学习中非常重要的一环，能够加深和巩固对新学知识的理解和记忆。对于容易遗忘的内容，要引导孩子反复复习。复习的时候，动笔整理重点内容：一是平时作业中因为确实不会而错的题目；二是在考试中出现的错误。每个重点学科要准备一个质量很好的错题本，引导孩子给它起一个自己喜欢的名字，如《×××的百宝囊》《×××的精华本等》。

　　整理的方法如下：整理时，先抄录错题，然后将自己当时做错的原因用红笔写上去，最后把正确的答案和答题步骤清楚地写出来。

　　浏览错题本，每周一次；运用艾宾浩斯记忆规律，及时记忆，不断重复，以便巩固对新知识的掌握。

小知识

几种常见的学习方法

尝试回忆法：在朗读到一定程度后，合上书本试背，并立即与原文核对。例如，对于语文课文的背诵，先朗读五遍，然后试着背诵，背不下来的地方，再翻书核对，这样几遍下来，就能够将阅读的内容记住。

整体学习法和部分学习法：整体学习法，指将学习材料作为一个整体单元，从头至尾，一气呵成地学习。例如，在小说的学习上，读小说时，由于小说有特别生动的情节，能够吸引孩子一气呵成，从头读到尾，这样就能够对小说的故事有大致的了解。

部分学习法又称部分法、分段法，它是把学习材料分成几个部分，然后一部分一部分地按顺序学习。部分学习法可以用在诗歌的学习上，也可以用在内容层次比较清晰的文章中，一小段一小段地读，层层递进，对前面内容的理解，可以作为理解后面内容的基础，这样，更容易深入理解阅读的材料。

信息输入大脑后，遗忘也就随之开始了。遗忘率随时间的流逝而先快后慢，特别是在刚刚识记的短时间里，遗忘最快，这就是著名的艾宾浩斯遗忘曲线。遵循艾宾浩斯遗忘曲线所揭示的记忆规律，对所学知识及时进行复习，这种记忆方法即为艾宾浩斯记忆法。对所学知识和记忆效果及时进行复习和自测是艾宾浩斯记忆法的主要方式。

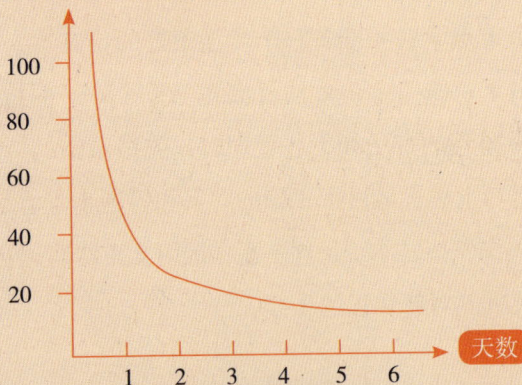

艾宾浩斯记忆规律曲线

五、培养孩子课外阅读兴趣

有的孩子，一有时间，就跑到外面玩耍，几乎没有坐下来读书的时间。家里因为经济原因，甚至找不到一本供他阅读的课外书，孩子在家里过着单调、沉闷的生活。

名人说读书

读书能够驱除孤单，带来快乐。古今中外很多名人都喜欢读书。我们看看他们是怎么看待读书的。

1. 书是屹立在时间的汪洋大海中的灯塔。

——［美］惠普尔

2. 养成阅读的习惯等于为自己筑起一个避难所，几乎可以避免生命中所有的灾难。

——［英］毛姆

3. 读书对于我来说是驱散生活中的不愉快的最好手段。没有一种苦恼是读书所不能驱散的。

——［法］孟德斯鸠

4. 各种蠢事，在每天阅读好书的影响下，仿佛烤在火上一样渐渐融化。

——［法］雨果

5. 一本书像一艘船，带领我们从狭隘的地方，驶向生活的无限广阔的海洋。

——［瑞士］凯勒

6. 饭可以一日不吃，觉可以一日不睡，书不可以一日不读。

——［中国］毛泽东

> 7. 阅读的最大理由是想摆脱平庸，早一天就多一份人生的精彩，迟一天就多一天平庸的困扰。
>
> ——［中国］余秋雨

如何培养孩子的课外阅读兴趣？

第一，给孩子多买书。父母回家的时候，一定要多给孩子买书，一本好书就是一个精彩的世界。您可以每个月给孩子寄一本课外书，也可以督促孩子向学校图书室、乡村文化中心借书，让孩子读后做笔记，摘录好句子，写感想，通过信件寄给父母。

第二，给孩子准备一个小小的书架。把孩子喜欢的书，放在书架上，方便孩子拿取。

第三，在家的时候，多给孩子读读书，尤其是低年级的学生，最喜欢听书。孩子听过的书，常常能激起其独立阅读的兴趣。打电话或者写信的时候，与孩子交流一下他（她）读过的书，或者介绍一下您读过的书。

第四，选择符合孩子年龄特点、阅读兴趣的图书。如年龄较小的孩子，可以选择与动画片内容相关的图书，如《大头儿子和小头爸爸》《大耳朵图图》《西游记》《蓝猫三千问》等；较大的孩子可以选择一些漫画类的图书，如《父与子》《三毛流浪记》；中学生可以买一些科普类的、学习类的名著，如《十万个为什么》《昆虫记》等。

第五，父母也要经常阅读。孩子是否喜欢阅读，与家里的阅读氛围是密切相关的。如果一个家庭里，父母都喜欢买书、看书，耳濡目染，孩子也会喜欢上阅读。如果一个家庭里，父母喜欢看电视，孩子也会喜欢看电视。所以，为了培养孩子的阅读兴趣，建议您也减少看电视的时间，多阅读。

读书方法

1. 通读

即对书报杂志从头到尾阅读，通览一遍，意在读懂，读通，了解全貌，以求一个完整的印象，取得"鸟瞰全景"的效果。对比较重要的书报杂志可采取这种方法。

2. 跳读

这是一种跳跃式的读书方法。可以把书中无关紧要的内容放在一边，抓住书的筋骨脉络阅读，重点掌握各个段落的观点。有时读书遇到疑问处，反复思考不得其解时，也可以跳过去，向后继续读，就可前后贯通了。

3. 序例读

读书之前可以先读书的序言和范例，了解内容概要，明确写书的纲领和目的，有指导地进行阅读。读书之后，也可以再次读书序和范例，以便加深理解，巩固提高。

4. 精读

对于一些作品，不仅要精读，还要总结归纳，提炼出其中精华。每阅读一本书，都在重要的地方画上圈、杠、点等各种符号，在书眉和空白的地方写上批语，并随时写下读书笔记或心得体会。

5. 角色扮演

书中人物出场众多，最重要的主人公只有一个，那就是你——读者自己。读书时，作为书中的一个角色，让你的情感融入故事之中，就能够更深刻地理解其中的人物。读书要入得进去还要出得来，要不然就可能"走火入魔"。

6. 用"记账本"

用"记账本"读，就是把读过的每一本书，像家庭记账一样，一本一本记下来，记下读书的日期、书名、读书的字数、甚至读书的简单感受。闲下来的时候，看看自己的阅读账本，有一种收获的满足。那是自己人生的一笔精神财富。这种"记账本"，不仅可以促使自己勤奋读书，同时可以带给自己读书的快慰，还可以记下自己读书成长的轨迹。

父母读给孩子听

孩子，你知道吗，学习有很多方法。方法得当，学习会省力，学习成绩也好。如果没有适合自己的学习方法，可能会学得很累，但是成绩却不理想。那些"学霸"，多数都有自己的学习秘诀。下面是一些学习方法，你可以试一试。

一、制订一个自己的学习计划

在学习计划里，不仅要有对学习的安排，也应有对休息时间的安排，比如，一天看多长时间的电视、什么时间看、看哪些节目，每天玩多长时间、玩什么游戏；周末玩多久、玩什么；等等，都在计划里安排好，按照计划进行学习与玩耍。这样，既能学得好，也能玩得痛快。

另外，可以准备一个单独的小本子，专门记录教师每天布置的作业，也可以包括要做的事情。每天按照小本子上的内容学习，完成一项，划掉一项。这样就不怕忘记老师布置的作业啦！

二、每天对第二天要学习的内容进行预习

预习的目的是对将要学习的内容，做好心理准备，通过预习，知道哪儿比较难懂，需要认真听讲，这样听课的效果就会较好。

　　预习的时候，一边看书，一边记录，把教材中不懂的问题和词语用笔记下来，或在课本上做上记号，也可以做一些课后的练习题。

三、上课专心听讲，不懂的地方及时请教老师和同学

　　上课认真听讲是最重要的一项学习活动。有的"学霸"，上课的时候，眼睛紧盯着老师，跟着老师的思路走，从来不开小差。有的学生，为了能专心听讲，请求老师把自己安排在教室第一排座位，这样就不会被同学干扰，所以他（她）的成绩特别好。

　　为了能专心听讲，可以一边听，一边记笔记，把老师讲的重点内容、补充的内容以及疑问记下来，课后及时复习，不懂的地方及时请教老师和同学。

四、重视课后复习和作业改错

　　复习能够巩固对新学知识的理解和记忆，美国一位心理学家认为，第一天学习的内容，如果不及时复习，第二天就会遗忘30%，第三天忘得更多。如果学完后及时复习，这些内容就会记住；如果经常复习，则永远储存在大脑里，想忘记都难呢。

　　平时的作业，如果错了，要及时改正。可以准备一个漂亮的笔记本，给它起一个自己喜欢的名字，如《×××的百宝囊》《×××的精华本》等。记录平时作业、考试中做错的题目，先抄录错题，然后将自己当时做错的原因用红笔写上去，最后把正确的答案和答题步骤清楚地写出来。经常复习，下次就不会再出现类似的错误。

亲子互动话题

1. 你有喜欢的书吗？你喜欢什么样的书？是故事类的，科普类的，还是漫画类的？

2. 老师讲课有意思吗？你最喜欢哪个学科的老师？

重要的建议

1. 学会表扬孩子，表扬孩子的进步，表扬孩子的努力。

2. 营造良好的学习环境，包括一张安静学习的书桌，符合年龄特点的图书，孩子写作业时，其他人不要看电视、打麻将等。

3. 每月与老师打电话沟通一次孩子的学习情况。

第六篇

女儿成长要仔细

如何帮助留守女童不受伤害？

　　王大姐夫妇来自于甘肃农村，来北京打工已经有6年了，她有两个女儿，大女儿上初中了，小女儿上小学五年级了。夫妻外出打工期间，孩子随爷爷、奶奶在老家生活。这段时间，王大姐无意中从广播中听到，某犯罪嫌疑人在一年的时间内先后在某县城的3所中学和1所小学门口附近守候，多次将女学生挟持、哄骗到偏僻处，以打毒针、拍裸照、殴打等方式胁迫她们卖淫。听到这些留守女童在家乡遭到性侵害，她在异乡也很记挂、担心自己的两个女儿，但是又不知如何去有效地提醒、帮助她们。

写给父母的话

王大姐的担忧不无道理，让我们再一起看看发生在全国各地的其他 3 个性侵害案例。

案例 1：

在某起案件中，犯罪人洪某多次守在学校门口，以抓小鸟游戏为由，将一名女学生多次骗奸。

案例 2：

2003 年 12 月 1 日下午，某地区某小学一名 35 岁的未婚男教师趁着酒劲儿，在课堂上利用帮学生调试电脑的机会，对 13 名女生进行了猥亵。她们中最小的年龄 9 岁，最大的年龄 11 岁。后来，这名无德教师刘某已被该地区检察院依法提起公诉。

案例 3：

在某省某小学门口的个体商贩，以向 3 名小学生赊账购买零食为由，在长达一年多的时间内不仅自己对这些小学生实施强奸行为，还多次介绍其他人与其发生性关系。

在案例 3 发生后，其中年龄最小的孩子小丽（化名）的父亲给女儿写了一封信。在信中表达了父母因没有保护好自己女儿而产生的内疚、后悔的心理。详见下文。

亲爱的孩子：

没有保护好你，我很内疚。

我知道村里的学校教学质量不好，本来想过送你到 ×× 镇的学校读书，但我和妈妈要出去打工，你在村里读书，方便奶奶照顾，而且你也能够学习认字。

没想到发生了这种事。

有一天，你躺在沙发上，躺了很久，不说话，我用手机偷拍照片，你都没有发现。那段时间，你跟变了一个人似的，我看着很难受，但不知道该怎么办。

你的妈妈也很担心你。

有一次，你还是这么躺着。妈妈问你，不高兴吗？是因为那个老师吗？我说了你妈妈，不允许她再提那件事情。

你会忘记那件事，一切都会好起来。

你会好起来的。还记得去年 9 月份的一个星期六吗？我带你去××公园，坐过山车、碰碰车，你一直在笑。这才是你。是的，我以前都没有带你出来玩过。

在××公园那天，我跟你说，以后会送你去一所有很多好玩的东西的学校。你至今已经问过我两三次，问什么时候送你去这样的学校。

……

爸爸

以上案例都是典型的针对女童的性侵害案件。

凡是任何涉及与性有关的侵害行为均可以视为性侵害行为，包括展示色

情图片、有意触摸身体的敏感部位、性接触等。

针对未成年人的性侵害案件分为校内性侵害案件和校外性侵害案件。

据相关研究表明，农村处于学生受性侵害高发地区，有 60% 的性侵害案件发生在农村。

这样的性侵害往往具有持续时间长、受害人人数多的特点。因为低龄的女孩子害怕老师的权威，并且不知晓所受伤害的性质和后果，同时不懂得保存受侵害的证据，所以针对女童的性侵害往往很难暴露出来。

在校园性侵害案件中，还有一类是校外人员进入学校发生的性侵害案件。相关报告分析显示，校外人员进行的性侵害占到了校园性侵害案件的 16%。

校外性侵害案件多发生在校园周边，犯罪人常常利用校园周边治安不好，在学校门口等待学生，通过哄骗、胁迫、拦截等方式将其带走实施强奸或者迫使受害人提供色情服务。

给家长的建议

父母如何帮助留守女童有效开展自我保护？

远离家乡打工的留守女童的母亲，每当听到一些留守女童在家乡遭到性侵害的事件，她们在异乡就很记挂、担心自己留在家乡的女儿，那么应该如何帮助自己的女儿做好自我保护呢？以下

5 条建议，父母可以和孩子一起学习掌握并参考运用。

一、父母和留守女童一起学习相关法律常识

相关法律是父母和留守女童保护自己的有力武器。为此，父母要在日常生活中注意学习这些法律，并且利用探亲时间和女儿聊一聊、说一说。

《中华人民共和国未成年人保护法》分总则、家庭保护、学校保护、社会保护、司法保护、法律责任、附则 7 章 72 条。这是保护未成年人的重要宝典。

《中华人民共和国未成年人保护法》

《中华人民共和国未成年人保护法》规定了未成年人的年龄范围以及主要的权益，明确了家庭保护、学校保护的主要内容。

《中华人民共和国未成年人保护法》主要内容摘抄：

第一章　总则

第二条　本法所称未成年人是指未满十八周岁的公民。

第三条　未成年人享有生存权、发展权、受保护权、参与权等权利，国家根据未成年人身心发展特点给予特殊、优先保护，保障未成年人的合法权益不受侵犯。

第二章　家庭保护

第十条　父母或者其他监护人应当创造良好、和睦的家庭环境，依法履行对未成年人的监护职责和抚养义务。

禁止对未成年人实施家庭暴力，禁止虐待、遗弃未成年人，禁止溺婴和其他残害婴儿的行为，不得歧视女性未成年人或者有残疾的未成年人。

第十一条　父母或者其他监护人应当关注未成年人的生理、心理状况和行为习惯，以健康的思想、良好的品行和适当的方法教育和影响未成年人，引导未成年人进行有益身心健康的活动，预防和制止未成年人吸烟、酗酒、流浪、沉迷网络以及赌博、吸毒、卖淫等行为。

第三章　学校保护

第十七条　学校应当全面贯彻国家的教育方针，实施素质教育，提高教育质量，注重培养未成年学生独立思考能力、创新能力和实践能力，促进未成年学生全面发展。

第十八条　学校应当尊重未成年学生受教育的权利，关心、爱护学生，对品行有缺点、学习有困难的学生，应当耐心教育、帮助，不得歧视，不得违反法律和国家规定开除未成年学生。

第十九条　学校应当根据未成年学生身心发展的特点，对他们进行社会生活指导、心理健康辅导和青春期教育。

第二十条　学校应当与未成年学生的父母或者其他监护人互相配合，保证未成年学生的睡眠、娱乐和体育锻炼时间，不得加重其学习负担。

1. 一起坐下来有选择地读一读《中华人民共和国未成年人保护法》相关章节与条目，让留守女童对自己的权利熟记在心。

2. 提高留守女童法制观念和明辨是非的能力，学会用法律保护自己。

二、增强留守女童的自护意识和自护能力

研究发现，自我保护意识强的女孩在面临突然而至的性侵害时，能够开启自我保护意识，积极开展自我保护行动，从而能够有效避免生活中的不安全因素，而自我保护意识弱的女孩可能只能被动陷入性侵害事件中，不知所措。

留守女童的自我保护意识涉及日常生活中的点点滴滴、方方面面。例如，

包括如何对待陌生人，如何正确运用网络，如何选择课外阅读材料，如何正确对待留宿与外出，如何处理住校问题；等等。需要父母经常提醒，让留守女童熟记在心，并付诸行动。

（一）教会孩子如何对待陌生人

（1）不占别人的小便宜，以免上当受骗。

（2）不接受陌生人的钱财、礼物、玩具、食品。

（3）与陌生人交谈要提高警惕。

（4）不搭乘陌生人的便车。

（5）不接受陌生人的邀请。

（二）教会孩子如何正确运用网络

（1）不进入营业性歌舞厅、游戏室、录像厅和网吧。

（2）不沉迷网络游戏。

（3）不浏览内容不健康的网页。

（4）不要轻信网上朋友的信息资料，因为一些别有用心者上网前往往用假信息资料巧妙地把自己伪装起来。

（5）慎重会见网友。网络是一个虚拟的空间，你无法知道对方是什么样的人，因此受骗的机会很大，除非有监护人陪同，否则不要去赴约。

（6）不与网友讨论不健康的话题。

（三）教会孩子如何选择阅读材料

（1）不看包含血腥、暴力、色情等内容的不健康的读物。

（2）不看少儿不宜的电影与电视剧。

（四）教会孩子如何处理外出与留宿

（1）外出要征得家人同意，并将自己的行程和大致返回的时间明确地告诉家长。

（2）外出游玩、购物时结伴而行，不独来独往，不单独行动。

（3）不在外边留宿。

（4）与家人闹矛盾，不要离家出走，避免给坏人可乘之机。

（5）不独自往返偏僻的街巷、黑暗的地下通道。

（6）不独自一人去偏远的地方游玩。

（7）外出时不要挑逗、取笑、戏弄精神病患者。

（五）教会孩子在住校期间如何做到安全防范

（1）晚上入睡前要关好门窗，并检查插销是否牢固。

（2）夜晚有人来访，不轻易开门接待；陌生人来访，一定不开门，坚决拒之门外。

（3）夜晚到室外上厕所，要穿好衣服，结伴同行，携带手电筒以及防卫用具等。

（4）假期不回家的学生，应集中就寝，避免独居一室。

（5）在宿舍可以准备一些木

棍等防卫用具。

三、父母要通过各种方式与留守女童交流并帮助留守女童学会如何交友

（一）告诉孩子如何交友

（1）交友要谨慎，学会采取正确而健康的方式交朋友。

（2）不要和异性朋友单独在一起。

（二）告诉孩子怎样交友

（1）和朋友在一起不聊不健康的话题，不传播不健康的内容。

（2）和同学在一起不要攀比吃穿。

（3）遇到交友难题可以主动和女老师沟通。

（三）告诉孩子交怎样的朋友

（1）交朋友要交志同、德高、学问之友。

（2）多和积极、乐观向上的同学交往。

（3）少和消极、悲观的同学交往。

（4）不和品行不良的同学交往。

小知识

和孩子一起读歌谣

1. 小熊小熊好宝宝，
   裤衩背心都穿好，
   里面不许别人摸，
   男孩女孩都知道。

2. 小小秘密藏心里，
   谁也不会告诉你，
   坏蛋要是欺负你，
   告诉妈妈要牢记。

3. 自行车，新书包，
漂漂亮亮刚买到，
坏蛋抢去不硬拼，
生命第一要记牢。

4. 入夜放下窗帘布，
门窗锁好不出屋，
男孩女生不独处，
黄色影视敢说不。

（摘自中国公安大学教授王大伟先生的"平安童谣"）

四、父母要对留守女童进行性安全防范教育

1. 买一本女孩青春期教育的书籍，母亲可以和孩子一起读一读，让孩子主动了解自己的生理结构。

2. 增强女孩性安全方面的意识和能力。告诉她们被裤衩背心所覆盖的身体部位，绝不允许别人，包括自己的异性亲人和老师看，更不许触摸。

3. 教育留守女童不要独自一人在远离人群或家庭的野外劳作。

4. 教育留守女童对与自己主动套近乎的男子加倍警惕。无论对于熟悉还是不熟悉的男子的亲近举动，都要坚决拒绝。

5. 教育留守女童不要让陌生人尾随自己回家。

6. 教育留守女童单独在家时一定要注意提高防范意识，不要给陌生人开门。

《英国儿童十大宣言》

1. 安全的权利。
2. 保护自己身体的权利。
3. 生命第一的权利。
4. 向父母讲真话的权利。
5. 拒绝毒品与危险品的权利。
6. 与陌生人不打交道的权利。
7. 紧急避险的权利。
8. 果断逃生的权利。
9. 面对侵害不遵守诺言的权利。
10. 对坏人可以不讲真话的权利。

五、留守女童一旦遭遇到侵害，一定要大胆告诉自己的亲人，以求得帮助

1. 若生活中遇到性侵害，不要紧张、害怕、回避，要立刻与最亲近的亲人沟通，说明情况。

2. 一定要记住父母的电话、老师的电话或最主要的亲人的电话。

3. 遇到紧急情况，及时拨打报警（110）、火警（119）、急救（120）电话，并保护好现场和物证。报警时要讲清楚案发具体地点或明显建筑物等。若见到了坏人，要记清楚坏人的特征，比如性别、个子大约有多高、胖瘦、脸型、发型、身上明显的标记，等等。

4. 如果你是处在和坏人周旋的危险中拨打110，应注意隐蔽和轻声。

亲子互动话题

1. 你知道身体的哪些部位不许别人看和摸吗?

2. 你自己一个人在家时应该怎么做?

重要的建议

1. 父母要了解《中华人民共和国未成年人保护法》的主要内容。

2. 父母要经常提醒女儿要有安全意识,学会保护自己,坚决不去不安全的场所。

3. 父母要告诉女儿生活中如果遇到侵害,就要立即告诉亲人。

后 记

　　如今，留守儿童已经成为一个庞大的社会群体，其健康问题、生活问题、安全问题、学习问题、心理问题、品行问题等日渐突出。这些问题的形成是农村家庭、学校、社会、经济体制与人口制度等多方面的原因所导致的，要解决这些问题，需要家庭、学校、社会及政府等各方面的共同努力、协同合作。其中，父母承担着至关重要的责任。在以往的实地调研中我们发现，很多在外打工的父母谈起自己孩子的教育问题时非常关注、内疚和心疼，在面对这些留守儿童的教育问题时常常感到无奈、无力甚至无所适从。因此，我们萌生了要为留守儿童家长编写一本教育指导手册的念头。

　　在北京师范大学首都基础教育研究院执行副院长梁威教授的带领下，我们"留守儿童教育研究"课题组带着对留守儿童教育问题的关注，多次深入北京的工厂、工地、家政公司、月嫂培训学校等，通过座谈、观察、问卷调查等方式，收集了大量的一手资料。在此基础上，我们针对留守儿童在生活、学习、心理、品行、安全等方面存在的比较突出的问题进行了深入分析，并提出了具体的应对措施，形成了这本《把爱带回家——给留守儿童家长的18条建议》。本书采用图文并茂的形式，在问题的回答上将说理与举例相结合，帮助父母获得可操作性的方法和策略。

　　《把爱带回家——给留守儿童家长的18条建议》一书的形成是集体智慧的结晶。在课题研究、本书的撰写与修改过程中，课题组曾召开各种类型研讨会十余次。本书的撰稿人主要是多年来一直关注和研究以及服务于农村教育与基础教育的德育、心理、课程、教学研究人员。课题负责人、北京师范大学首都基础教育研究院执行副院长梁威教授负责策划、全书的统稿及部分撰稿工作。北京师范大学教育学部课程与教学研究院副教授卢立涛博士，北京教育科学研究院德育研究中心主任谢春风研究员，北京教育科学研究院教育督导与教育质量评价研究中心胡进研究员、何光峰研究员及《现代教育报》

郑祖伟编辑等共同承担了各篇的撰稿工作。北京教育科学研究院基础教育教学研究中心信息室原主任张素珍老师，北京市燕山教育科学研究所原所长李万增老师，北京教育学院宣武分院二部小学教研室原主任董静老师，中共北京市委党校的温水擎老师，北京师范大学首都基础教育研究院的周婷子老师、马珂楠老师以及北京师范大学教育学部的在读硕士研究生刘姣、张文超、赵新玉、田博文、朱凌泽、李媛媛等也以各种形式参与了书稿的资料收集、组稿、审稿工作。特别是教育科学出版社教师教育编辑部原主任、中国教育科学研究院教师发展研究中心杨晓琳老师对本书提出有益的建议并对课题组给予了具体的指导。北教传媒的刘强总经理、石岱峰总编辑、吕心鹏编审、编辑孙彬和郝慧敏对本书的顺利出版给予了大力支持，付出了辛苦努力。

我们感到非常荣幸的是，北京师范大学校长董奇教授、教育部基础教育一司司长王定华、中国教育学会名誉会长顾明远先生、北京教育科学研究院原副院长文喆研究员高度肯定了课题研究的价值，并提出了宝贵的建议。此外，课题组还得到其他同仁的支持和帮助。我们在对他们表示衷心感谢的同时，也深深地感受到了他们对留守儿童及所有的孩子们的关怀和热爱，同时也更加坚定了我们一定要把留守儿童教育研究深入做下去的信心。

由于时间的仓促和我们水平的有限，书中难免有一些不足之处，诚恳希望读者特别是留守儿童家长们提出宝贵意见。让我们携起手来，共同关爱、帮助留守儿童，努力提高农村教育水平，为留守儿童的健康成长创造一个良好的环境，让祖国的花朵饱含着生机。我们共同期待着怒放的明天。

编 者

2015 年 11 月 10 日于北京师范大学